hänssler

Gott liebt keine Kompromisse

A. W. Tozer

Hänssler-Taschenbuch
Bestell-Nr. 393.528
ISBN 3-7751-3528-6

Internet: www.haenssler.de
E-Mail: info @haenssler.de
Umschlaggestaltung: Martina Stadler
Titelfoto: Bildagentur Mauritius
Satz: Vaihinger Satz + Druck
Druck und Bindung: Ebner Ulm
Printed in Germany

Inhalt

I

Einführung

Gott spricht nur zu denen, die sich die Zeit nehmen, zuzuhören. Der Mensch, der sich anderer annimmt, hat Gemeinschaft mit dem Höchsten und lernt die Geheimnisse des Herrn verstehen. Solch ein Mensch sieht auch den Kummer und fühlt das Leid in der Welt. Er trägt mit an der Last seiner Brüder.

Weil A. W. Tozer in der Gegenwart Gottes lebte, hatte er einen klaren geistlichen Blick und redete als Prophet zur Gemeinde Jesu. Er suchte die Ehre Gottes mit dem Eifer eines Elia und klagte mit Jeremia über die Untreue des Volkes Gottes, doch war er nicht ein Prophet der Verzweiflung.

Die Kapitel in diesem Buch sind Botschaften voller Besorgnis. Sie bringen die Schwächen der Gemeinde an den Tag und verurteilen Kompromisse. Sie warnen und ermahnen. Aber sie sind auch Botschaften der Hoffnung, denn Gott erneuert und erfüllt immer wieder treu sein Wort für diejenigen, die hören und gehorchen.

Anita M. Bailey
(Chefredakteurin,
The Alliance Witness)

Mit Ausnahme eines Kapitels wurde das Material dieses Buches in der amerikanischen Zeitschrift »The Alliance Witness« erstveröffentlicht, bei der Dr. Tozer von 1950 bis 1963 als Redakteur tätig war. Das Kapitel »Wir werden zu dem, was wir lieben« wurde für das Magazin »Eternity« geschrieben und ist in diesem Buch mit freundlicher Erlaubnis enthalten.

I

Ein unbeliebtes Thema: Buße, Demut und Tränen

■ **Die Bibel** wurde unter Tränen geschrieben, und unter Tränen gibt sie ihre kostbarsten Schätze preis. Dem frivolen Menschen hat Gott nichts zu sagen.

Gott sprach zu einem zitternden Mose auf dem Berg, und dieser gleiche Mann rettete später das Volk, als er sich vor Gott niederwarf mit dem Anerbieten, sich selbst aus Gottes Buch um Israels willen ausstreichen zu lassen. Daniels lange Fasten- und Gebetszeiten brachten Gabriel vom Himmel, der ihm die Geheimnisse der Zukunft offenbarte. Als der Jünger, den Jesus liebte, Johannes, bitterlich weinte, weil niemand für wert befunden wurde, das Buch mit den sieben Siegeln zu öffnen, tröstete ihn einer der Ältesten mit der Zusage, dass der Löwe aus dem Stamme Juda gesiegt habe.

Die Psalmisten schrieben oft unter Tränen, die Propheten konnten nicht verbergen, wie schwer es ihnen ums Herz war, und der Apostel Paulus brach in seiner ansonsten frohen Epistel an die Philipper in Tränen aus, als er an die vielen Menschen dachte, die Feinde des Kreuzes Christi waren und deren Ende das Verderben war. Jene Christen, die die Welt zum Erzittern brachten, waren durchweg von Kummer und Schmerzen gezeichnet, Menschen, deren Zeugnis aus überschwerem Herzen kam. In Tränen allein liegt noch keine Kraft, doch Tränen und Kraft sind in der Gemeinde des Erstgeborenen eng miteinander verbunden.

Es ist kein beruhigender Gedanke, dass die Schriften der schmerzerfüllten Propheten oft von Personen studiert werden, deren Interesse daran nur Neugierde ist und die noch nie eine Träne um das Wohl und Wehe der Welt vergossen haben. Sie sind oberflächlich und neugierig nach Geschehnissen der Zukunft. Dabei vergessen sie anscheinend, dass der einzige Zweck biblischer Prophetie ist, uns seelisch und geistlich auf die zukünftigen Zeiten vorzubereiten.

Die Lehre von Christi Wiederkunft ist vernachlässigt worden, wenigstens auf dem nordamerikanischen Kontinent, und so weit ich das feststellen kann, übt sie auf die in Reih und Glied stehenden gläubigen Christen keinen Einfluss aus. Dafür mag es eine Reihe von Gründen geben. Doch nach meiner Meinung geschah das größte Unglück, das die prophetische Wahrheit befallen hat, als sich einige Verkündiger in der Zeit zwischen den beiden Weltkriegen anmaßten, uns ohne Tränen in den Schriften der tränenreichen Propheten zu unterweisen. Große Menschenansammlungen und große Kollekten waren der Erfolg, bis die Weltereignisse diese Lehrer vielfach der Unwahrheit überführten. Die Reaktion darauf war, dass die Prophetie die Gunst der Massen verlor. Das war ein gemeiner Trick des Teufels, und er wirkte nur zu gut. Wir sollten und müssen sogar lernen, dass wir heilige Dinge nicht sorglos behandeln können, ohne ernsthafte Folgen heraufzubeschwören.

Ein weiterer Punkt, an dem tränenlose Menschen uns unsäglichen Kummer bereitet haben, ist das Gebet für die Kranken. Es hat immer ehrfürchtige, ernsthafte Menschen gegeben, die es als ihre heilige Pflicht ansahen, für Kranke zu beten, damit sie im Willen Gottes geheilt würden. Von Spurgeon wurde gesagt, dass seine Gebete mehr Kranke gesund machten, als die Praxis irgendeines Arztes in London. Als tränenlose Mäzene sich dieser Lehre bemächtigten, machten sie sie zu einem lukrativen Geschäft. Aalglatt und mit großer Überredungskunst gebrauchten solche Menschen gute Geschäftsmethoden, um einen eindrucksvollen Profit aus ihren Veranstaltungen zu schlagen. Ihre wertvollen Ländereien und groß angelegten Finanzgeschäfte beweisen, wie erfolgreich sie gewesen sind, die Kranken und Leidenden um ihr Geld zu bringen. Und das geschah im Namen des Schmerzensmannes, der nichts hatte, wohin er sein Haupt legen konnte!

Was ohne Herz getan wird, wird immer im Dunkeln geschehen, wie biblisch es auch erscheinen mag. Nach dem Gesetz der ausgleichenden Gerechtigkeit wird das Herz des religiösen Scharlatans von der unsagbaren Helligkeit der Wahrheit zerstört, an die er zu rühren wagt. Tränenlose Augen werden schließlich blind von dem hellen Licht, in das sie blicken.

Wir, von den nicht liturgischen Kirchen, blicken oft mit einiger Verachtung auf jene Kirchen herab, die einer sorgfältig vorgeschriebenen Gottesdienstordnung folgen, und sicherlich gibt es in solchen Gottesdiensten einen gewissen Teil, der dem durchschnittlichen Gottesdienstbesucher wenig oder nichts bedeutet – nicht, weil eine sorgfältige Ordnung besteht, sondern weil der durchschnittliche Gottesdienstteilnehmer eben durchschnittlich ist. Doch habe ich auch beobachtet, dass der uns vertraute improvisierte Gottesdienst, der erst zwanzig Minuten vorher geplant wird, oft unzureichend und mangelhaft und fast so einheitlich festgelegt ist wie eine Messe. Der liturgische Gottesdienst ist wenigstens schön, unserer dagegen oft hässlich. Ihrer ist Jahrhunderte hindurch sorgfältig erarbeitet worden, um so viel Schönheit wie möglich hineinzubringen und um den Geist der Anbetung bei den Gottesdienstbesuchern zu bewahren. Unserer ist oft ein aus dem Ärmel geschüttelter Notbehelf mit nichts Empfehlenswertem darin. Seine so genannte Freiheit ist nicht Freiheit, sondern einfach Schlamperei.

Die Theorie dazu lautet, dass der Heilige Geist frei wirken wird, wenn die Versammlung ungeplant ist, und das würde zutreffen, wenn alle Gottesdienstbesucher geisterfüllt und voller Ehrfurcht wären. Doch meistens ist da weder Ordnung noch Geist, nur ein routinemäßiges Gebet, das, außer geringfügigen Abweichungen, Woche für Woche gleich ist, und einige Lieder, die von vornherein nicht viel aussagen und seit langem alle Bedeutung durch ständiges Wiederholen verloren haben. In der Mehrzahl unserer Versammlungen gibt es kaum eine Spur von Ehrfurcht, keine Einheit des Leibes, wenig Gefühl für die göttliche Gegenwart, keinen Augenblick der Stille, keine Feierlichkeit, kein Staunen, keine heilige Scheu. Doch sehr oft steht ein langweiliger oder auch flotter, dumme Witze reißender Gesangsleiter auf der Empore sowie ein Programmleiter, der jedes Lied im Radiojargon ansagt und sich offensichtlich abmüht, alles irgendwie in Zusammenhang zu bringen.

Die ganze christliche Familie braucht dringend neue Bußfertigkeit, Demut und Tränen. Möge Gott sie uns bald schenken!

I

Die Stimme Gottes

■ **Ich glaube** es kann grundsätzlich gesagt werden, dass Gott ständig versucht, mit den Menschen zu reden. Er möchte sich selbst mitteilen und heilige Gedanken an diejenigen seiner Geschöpfe weitergeben, die aufnahmebereit sind.

Dieser göttliche Impuls nach Selbstäußerung erklärt wahrscheinlich die Schöpfung, besonders Gottes Schöpfung intelligenter und moralischer Wesen, die Wahrheit aufnehmen und verarbeiten können. Unter diesen Wesen steht der Mensch an der Spitze, der zum Bilde Gottes geschaffen wurde und somit reine und feine Organe besitzt, um das wahrzunehmen, was man von Gott wissen kann. Als zweite Person der Gottheit wird das Wort Gottes genannt, das heißt, der Ausdruck von Gott selbst.

Es gibt zwei vollkommen unterschiedliche Meinungen vom Reden Gottes mit den Menschen, doch beide Meinungen stimmen wenigstens darin überein, dass sie irrtümlich sind. Eine ist, dass Gott die heiligen Schriften ins Dasein sprach und sich danach in Schweigen hüllte, ein Schweigen, das nicht gebrochen wird, bis Gott alle Menschen vor seinen Richterstuhl ruft. Dann wird Gott wieder wie in alten Zeiten sprechen, doch in der Zwischenzeit haben wir die Bibel als Unterpfand sorgsam beschützter Wahrheit, die Schriftgelehrte und Theologen nach bestem Vermögen entziffern müssen.

Diese Ansicht wird von dem größten Teil der evangelischen Christen vertreten. Vielleicht weicht sie in einigen Einzelheiten ein wenig ab, doch ist sie für die christliche Seele äußerst gefährlich. Sie ist gefährlich, weil sie zwei falsche Vorstellungen enthält. Zum einen, dass Gott nicht mehr redet und zum anderen, dass wir auf unseren Intellekt angewiesen sind, um die Wahrheit zu verstehen und aufzunehmen. Nach dieser Ansicht ist Gott weit weg und gänzlich unmitteilsam. Und wir, ob wir uns das nun eingestehen wollen oder nicht, werden in eine Art evangelischen Rationalismus hineingezwungen, da laut dieser Meinung der menschliche Verstand zum endgültigen Schiedsrichter über die Wahrheit wird und zum Organ, durch das die Wahrheit in die Seele aufgenommen wird.

Die wunderbare Tatsache ist aber, dass Gott nicht schweigt und noch nie schweigsam war, sondern in seinem Universum redet. Das geschriebene Wort ist wirksam und nur wirksam, weil das lebendige Wort im Himmel redet und die lebendige Stimme auf Erden ertönt. »Und der Geist ist's, der da zeugt; denn der Geist ist die Wahrheit. Denn drei sind, die da zeugen: der Geist und das Wasser und das Blut.«

Dass die schöpferische Stimme Gottes fortwährend in der Schöpfung zu hören ist, bleibt eine Wahrheit, die die moderne Christenheit vergessen hat. Aber tatsächlich schuf Gott die Welt durch sein Wort, und durch sein Wort wird alles erhalten. Die leise Stimme Gottes im Herzen jedes menschlichen Wesens macht jeden vor dem Richtstuhl Gottes schuldig und überführt selbst diejenigen der Sünde, die sich dem geschriebenen Wort nie ausgesetzt haben.

Die Annahme, dass die einzige tödliche Sünde die Ablehnung Christi sei, und dass Menschen in jenen Teilen der Welt, in denen das Evangelium nicht gepredigt worden ist, nicht zur Verantwortung gezogen werden, ist ein ungeheuerlicher Irrtum. Es gibt ein Licht, das jeden Menschen, der in die Welt kommt, erleuchtet. Der Kampf der Sünde mit dem Licht zerstört die Menschen, nicht die Ablehnung Christi, obwohl diese Ablehnung den Sünder hoffnungslos in seiner Sünde belässt und ihn für immer von der vergebenden Liebe Gottes ausschließt.

Es steht geschrieben, dass Christus alles durch das Wort seiner Macht zusammenhält, und das Wort, das alles zusammenhält, ist die krafterfüllte Stimme Gottes, die das Universum erschüttert. Die Bibel ist nicht, wie einige offensichtlich meinen, Gottes letzter Wille und Testament. Sie ist vielmehr der schriftliche Ausdruck des Denkens des lebendigen Gottes, der erst aktiv wird, wenn der gleiche Hauch, der ihn inspirierte, wieder auf ihn fällt.

Die andere Fehlauslegung, die im Gegensatz zu dem »Gott-hat-einmal-gesprochen«-Irrtum steht, wird von verschiedenen Liberalen vertreten. Sie meinen, da Gott sich in seinem Universum äußert, gibt es so etwas wie ein inspiriertes Wort nicht, das nur offenbarte Wahrheit enthält und somit als absolute Autorität für Dogma und Praxis gelten könnte. Nach Ansicht dieser Herren widersprechen sich diese beiden Thesen. Wenn Gott noch redet, dann müssen wir unsere Sinne offen halten für weitere Offenbarungen. Dies mag durch Dichter, Philosophen, Wissenschaftler, Romanschriftsteller und sonstige religiöse Menschen geschehen. Immer, wenn eine neue Wahrheit entdeckt wird oder neue und fortschrittliche Ideen zum Vorschein kommen, dann redet Gott, so wie er einst durch die Propheten und Seher in alter Zeit redete.

Gewiss müssen wir diesen Menschen das Recht zugestehen zu glauben, was sie für richtig halten, ebenso das Recht zu lehren, was sie glauben. Doch eines steht fest: Wer, ganz gleich aus welchen Gründen, die Endgültigkeit der biblischen Wahrheit leugnet und darauf besteht, dass eine sich jetzt noch fortsetzende Offenbarung die gleiche Autorität besitzt wie die heiligen Schriften, der hat sich selbst um den Namen Christ gebracht. Er ist einfach kein Christ im biblischen und historischen Sinn des Wortes.

Wenn ich behaupte, dass die biblischen Schriften unumstößlich sind, gleichzeitig aber sage, dass Gott heute noch redet, so ist das kein Widerspruch. In der Schrift hat Gott umfassende und ausreichende Wahrheit niederschreiben lassen. Heilige Männer Gottes, vom Heiligen Geist getrieben, schrieben die Worte nieder, die Gott für am besten geeignet hielt, um zur Lehre, zur Strafe, zur Besserung, zur Züchtigung in der Gerechtigkeit nütze zu sein. Der Standpunkt, den ich hier vertrete, ist folgender: Wenn die lebendige Stimme Gottes nicht in der Welt und im Herzen von Menschen reden würde, dann könnte das geschriebene Wort für uns nicht viel Bedeutung haben. Weil Gott aber in seiner Welt spricht, können wir ihn auch in seinem Wort reden hören.

I

Erkenntnis kommt aus der Stille

»Seid stille und erkennet,
dass ich Gott bin.«
(Ps 46, 11)

■ **Unsere Väter** hatten vieles über das Stillesein zu sagen, und mit Stillesein meinten sie das Ausgeschlossensein von Bewegung oder Geräuschen oder von beidem.

Sie meinten, sie müssten wenigstens einen Teil des Tages still sein, oder jener Tag sei vergeudet. Man kann Gott durchaus im Tumult der Welt erkennen, wenn seine Vorsehung uns dort hineingestellt hat, doch am besten erkennt man ihn in der Stille. Das wussten schon unsere Väter, und so erklären es auch die Heiligen Schriften. Die innere Gewissheit kommt aus der Stille: Wir müssen still werden, um zu erkennen.

Es hat in der Weltgeschichte kaum eine Zeit gegeben, in der Stille mehr vonnöten war als in den heutigen Tagen, und sicherlich hat es keine andere Zeit gegeben, in der es so wenig Stille gab, und in der sie so schwer zu finden war.

Christus ist der Zeitgenosse eines jeden Menschen. Seine Gegenwart und seine Kraft werden uns in dieser Zeit irrsinniger Aktivität und mechanischen Lärms genauso angeboten wie den Fischern auf dem ruhigen See Genezareth und den Hirten auf den Weiden Judäas. Die einzige Bedingung ist, dass wir still genug werden müssen, um seine Stimme zu hören, und dass wir glauben und ausführen, was wir hören.

Einiges kann man im Getöse des modernen Lebens lernen. Mitten in diesem Lärm mögen wir Ingenieure, Wissenschaftler oder Architekten werden. Vielleicht lernen wir eine Düsenmaschine zu fliegen oder Kaufhausmanager zu sein. Wir können einen sportlichen Wettbewerb gewinnen, ein Orchester dirigieren, einen akademischen Grad erreichen oder uns in ein politisches Amt wählen lassen. Wir tun diese Dinge, indem wir die Zivilisation, in der wir leben, so hinnehmen, wie sie ist. Wir werden zu Kindern des zwanzigsten Jahrhunderts, und unsere Psyche nimmt den Charakter unserer Zeit an. So graziös wie möglich bewegen wir uns im komplizierten Tanz der Umstände. Dabei ist uns das Getöne tatsächlich noch eine Hilfe. Oder da wir nicht wissen, wohin wir uns eigentlich begeben, marschieren wir mit der großen Masse zu dröhnender Musik im Gleichschritt und empfinden dabei sogar noch Vergnügen.

Dieses alles können Menschen tun, und sie tun es auch. Doch wenn wir den Wert einer Philosophie zu bezweifeln beginnen, die allein auf physikalischen Erkenntnissen beruht, und an dem gesunden Menschenverstand einer Zivilisation zweifeln, die die H-Bombe schuf, und besonders wenn wir beginnen, wie im Dunkeln nach Gott zu tappen, ob wir ihn nicht vielleicht irgendwo finden, dann geschieht etwas Seltsames und Wunderbares. Indem wir uns nämlich der alten Quelle unseres Wesens nähern, fällt uns plötzlich auf, dass wir nicht mehr gebildet oder unwissend, modern oder altmodisch, kultiviert oder unkultiviert, weiß oder farbig sind: in jener Ehrfurcht gebietenden Gegenwart sind wir einfach nur *Menschen*, alle gewohnten Unterscheidungen zerfließen im Nichts. Tausende Jahre Bildung verschwinden in einem Augenblick, und wir stehen wieder dort, wo Adam und Eva nach dem Sündenfall standen, wo Kain und Abel standen, nämlich vor dem Garten, voller Angst und Furcht und auf der Flucht vor dem Schrecken des gebrochenen Gesetzes.

Dort vor dem Richterstuhl, der dem zitternden Sünder plötzlich so echt erscheint, als wäre es das letzte Gericht, nützen uns nämlich keine modernen religiösen Techniken, keine der sorgfältig erdachten Methoden. Der zivilisierte Mensch, umgeben von seinen erst kürzlich erfundenen, lärmenden technischen Errungenschaften, geht in seinem Herzen zurück durch die Jahrhunderte des »Fortschritts« und wird wieder ein aufgeschrecktes, wimmerndes menschliches Wesen, das in äußerster Verzweiflung einen Heiland braucht.

Da dies der Wahrheit entspricht, ist jede Evangelisation, die mit einem Appell an gemeinsame Interessen und Gerede über aktuelle Ereignisse eine gemeinsame Basis schafft, auf der der Sünder sich zu Hause fühlen kann, so falsch wie die Altäre Baals es vor langer Zeit waren. Jede Bemühung, die dahin geht, es den Menschen leicht zu machen und Schuld und Peinlichkeit wegnimmt, ist restlos vergeudet. Sie ist für die Seelen der Menschen böse und gefährlich.

Einer der gegenwärtig populärsten Irrtümer, aus der die größte und geräuschvollste religiöse Aktivität hervorgeht, die in dieser Zeit in christlichen Kreisen vorherrscht, ist die Annahme, dass die Gemeinde Christi sich auch ändern muss, wenn sich die Zeiten ändern. Die Christen müssen ihre Methoden den Forderungen der Menschen anpassen. Wenn sie Zehn-Minuten-Predigten wollen, gibt man ihnen eben Zehn-Minuten-Predigten. Wenn sie Wahrheit in Kleinformat wollen, bekommen sie sie. Wenn sie Bilder wollen, gibt man ihnen eben viele Bilder. Wenn sie Geschichten mögen, erzählt man ihnen viele Geschichten. Wenn sie ihre religiöse Unterweisung in Form von Dramen bekommen wollen, gibt man ihnen auch da nach – sie bekommen, was sie wollen. »Die Botschaft ist die gleiche, nur die Methode ändert sich«, sagen die Verfechter des Kompromisses.

»Wen die Götter verderben wollen, den machen sie zuerst wahnsinnig«, sagten die alten Griechen, und sie waren weiser, als sie ahnten. Jene Mentalität, die Sodom mit Jerusalem und Hollywood mit der Heiligen Stadt verwechselt, ist so gänzlich abwegig und irregeleitet, dass man sie nur noch als puren Wahnsinn bezeichnen kann, von dem so genannte »Christen« heimgesucht werden, die Gottes Geist beleidigt haben. »Höret, und verstehets nicht; sehet, und merkets nicht! Verstocke das Herz dieses Volkes und lass ihre Ohren hart sein und blende ihre Augen, dass sie nicht sehen mit ihren Augen noch hören mit ihren Ohren noch verstehen mit ihrem Herzen und sich bekehren und genesen.« (Jes 6, 9–10)

Doch einige ernsthafte Menschen geben zu bedenken: Da es in dieser mechanisierten Welt keine Stille mehr gibt, müssen wir lernen, ohne sie auszukommen. Wir können nicht hoffen, die stillen Wasser und friedlichen Weiden zurückzubringen, auf denen David einst seine Schafe weidete. Das Hetzen und Jagen der Zivilisation ist viel zu geräuschvoll, als dass wir die sanfte, leise Stimme Gottes vernehmen könnten, und so müssen wir lernen, Gott im Erdbeben und im Sturm sprechen zu hören. Und wenn sich selbst die moderne Evangelisation auf den Tumult und die Betriebsamkeit unserer Zeit einstellt, warum sollte sich jemand da beklagen? Ist es nicht ein ehrlicher Versuch, allen Menschen alles zu bieten, damit dadurch einige gerettet werden?

Die Antwort darauf ist, dass die Seele (das Innere) des Menschen sich im Wesentlichen nicht ändert, wie sehr sich äußere Umstände auch ändern mögen. Der Ureinwohner in seiner Hütte, der College-Professor in seinem Arbeitszimmer, der Lastwagenfahrer im Getöse des Großstadtverkehrs – sie alle haben das gleiche grundlegende Problem: wie sie von ihren Sünden frei werden, ewiges Leben erhalten und in Gemeinschaft mit Gott kommen können. Der Lärm und die Betriebsamkeit der Zivilisation sind oberflächliche Erscheinungen, in etwa vergleichbar mit einem schnell heilenden Hautausschlag. Ihnen vernünftige Wertmaßstäbe beimessen zu wollen und zu versuchen, sie mit Religion in Einklang zu bringen, heißt, einen ungeheuerlichen moralischen Verstoß zu begehen, dessen Folgen unausdenkbar sind. Sicherlich werden wir dafür bezahlen, lange nachdem diese Burleske, die wir Zivilisation nennen, tragisch und schmerzvoll für immer untergegangen ist.

Was gewisse religiöse Lehrer nicht zu verstehen scheinen, ist, dass eine echte christliche Erfahrung sich im menschlichen Geist ereignet, tief im Innern unter der sich verändernden Oberfläche äußerer Umstände. Nur diese Oberfläche reagiert auf Lärm und Betriebsamkeit. Das tiefste Innere des Menschen liegt in einer

Ur-Stille und wartet auf das Leben spendende Wort, das ihm die zweite Geburt beschert. Weil dieser im tiefsten Innern des Menschen liegende Geist von Gott getrennt ist, kommt das ganze Leben in Unordnung. Nun übernehmen das Fleisch und die Fantasie die Führung und dirigieren das Denken, den Willen und das Tun jedes individuellen Menschen und der ganzen menschlichen Rasse, von der er ja ein Teil ist. Diese führen zu dem makabren Tanz, dem Totentanz, den wir als Gesellschaft kennen und in der wir uns als natürliche Menschen befinden.

Das populäre Christentum plappert die Sprache neutestamentlicher Theologie wohl nach, doch akzeptiert es die Ansichten der Welt und äfft eifrig weltliche Gepflogenheiten nach (mit Ausnahme einiger weniger direkt böser Praktiken, die selbst die Welt als böse bezeichnet). Dann wird Christus als ein Zusatz angeboten, als ein Freund »dort oben«, als Garant für die Zeit, wenn der Tumult und das Geschrei abebbt, wenn wir vom Spielplatz hereingerufen werden und es für uns ernst wird.

Es sei daran erinnert, dass die großen, wesentlichen Fakten sich nicht geändert haben. Die Menschen sind immer noch so, wie sie immer waren. Und der Menschensohn ist immer noch der, der er immer war. Er spricht das Ewige in uns an. Es sind eindringliche Rufe in das tiefste Innere, und der Ruf, wenn er überhaupt gehört wird, wird von dem in uns vernommen, was weder primitiv noch zivilisiert, weder jung noch alt, weder westlich noch orientalisch ist, sondern einfach menschlich und einst zum Bilde Gottes geschaffen wurde.

Es ist bedeutungsvoll, dass der Psalm, in dem die

Worte »seid stille« stehen, im Übrigen mit Lärm und Umtrieb erfüllt ist. Die Erde bebt, das Wasser braust und wütet, Berge drohen ins Meer zu stürzen, die Völker bekriegen sich, Königreiche erzittern, und Kriegsgeschrei ertönt im ganzen Land. Dann vernimmt man eine Stimme: »Seid stille und erkennet, dass ich Gott bin.«

So müssen wir auch heute hinhören, bis wir mit unseren inneren Ohren die Worte Gottes hören. Wenn wir diese Stimme vernehmen, wird es ganz anders sein als das erregende Geschrei einer nervösen Welt. Viel mehr wird es der beruhigende Zuspruch desjenigen sein, von dem gesagt wird: »Er wird nicht zanken noch schreien, und man wird sein Geschrei nicht hören auf den Gassen.«

Diese Stimme wird nicht auf den Gassen vernommen, doch deutlich genug im Herzen. Und darauf kommt es schließlich an.

I

Die Reiche der Welt und ihre Herrlichkeit

Satan versuchte einmal, Christus zu Fall zu bringen, indem er ihm alle Reiche der Welt und deren Herrlichkeit anbot.

Es gibt genügend Hinweise dafür, dass der Teufel weise ist, aber doch eben nicht weise genug.

Er kannte die gefallene menschliche Natur und wusste damit umzugehen. Er wusste um die Macht der Prunksucht und auch, wie er das sündige Herz bezaubern und unterwürfig machen konnte. Als er dem Menschen Jesus die Herrlichkeit der Welt vor Augen hielt, nutzte er listig die wohl bekannte Schwäche der menschlichen Rasse aus. Der Trick hätte gelingen müssen, und wahrscheinlich wäre er gelungen, wenn nicht etwas Außergewöhnliches im Weg gestanden hätte: Es war kein gefallener Mensch, den der Satan da zu verführen versuchte. Es war ein sündloser Mensch, erfüllt vom Heiligen Geist und von Weisheit, dessen durchdringender Blick das attraktive Äußere der Welt durchschaute bis ins Innerste hinein. Was er sah, stieß ihn ab. Nein, daran wollte er keinen Anteil haben.

Unser Herr sah in der Herrlichkeit der Welt nicht, was andere Menschen darin sehen, im Gegenteil, er sah, was andere Menschen nicht sehen können. Er sah nicht Schönheit, sondern Tod, einen grässlichen Tod, der mit dem Preis der Seele erkauft werden musste. Unter ihrer aufreizenden Anziehungskraft sah er Korruption und Verfall. Er wusste, dass ihre Herrlichkeit nur ein Köder war, um törichte Opfer einzufangen. Er wusste, dass alle ihre herrlichen Verheißungen Lügen waren.

Jesus wusste dies alles, und trotz seiner Weisheit wusste Satan es nicht. Satan ist ein emsiger Bibelstudent, dennoch erkannte er dieses nicht, sonst hätte er das Unmögliche nicht versucht, noch dazu zu seinem eigenen Schaden und zu seiner unvergesslichen Schande.

Die verführerischen Eigenschaften aller menschlichen Herrlichkeit werden in der ganzen Bibel gelehrt und besonders im Neuen Testament stark betont. Mit großer Klarheit ist dies auch von getreuen Predigern des Wortes seit den Tagen der Apostel verkündigt worden. Wir singen davon in unseren Liedern und wiederholen es in unseren Gebeten, und wohl kein Christ würde diese Tatsache leugnen.

Mit der offenen Bibel vor uns und einer langen Tradition der Wahrheit hinter uns dürfte es für unser augenblickliches Versagen, die trügerische Anziehungskraft der Welt zu erkennen und uns davor zu bewahren, keinen Grund geben. Die folgende Tatsache lässt sich doch nicht leugnen: Die Kirchen und Gemeinden haben sich von den Reichen der Welt und deren Herrlichkeit einfangen lassen. Trotz der prophetischen Stimmen, die sich hier und da unter uns erheben, werden Gläubige heutzutage mit unwiderstehlicher Macht in die Welt hineingezogen.

Jene Welt, die unser Heiland sich für den Preis des Ungehorsams gegen Gott zu kaufen weigerte, wirbt nun mit allen Mitteln der Kunst um seine erklärten Nachfolger. Die Herrlichkeit, die unser Herr verachtete, wird von Unzähligen erstrebt und bewundert, die sich lauthals Christen nennen. Der alte Trick, den unser Herr so klar durchschaute, wickelt seine Nachfolger heutzutage mit selbstgefälligem Lächeln ein. Der Teufel kannte Christus nicht, doch scheinbar kennt er die Christen.

Vor hundert Jahren unternahm Satan einen Vorstoß, um die christliche Religion durch einen direkten Angriff auf die Heilige Schrift zu zerstören. Er kalkulierte die Stärke feststehender christlicher Lehre jedoch falsch ein und wurde mit schweren Verlusten zurückgeschlagen. Heute ist die »moderne Theologie« (Zeitgeisttheologie) ein Wort ohne viel Bedeutung, und viele Liberale gestehen jetzt ein, dass das Herzblut aus ihrer Lehre gewichen ist. Doch das christliche Glaubensbekenntnis ist so durchschlagend wie eh und je, und selbst in studierten Kreisen wird es jetzt als intellektuell akzeptabel angesehen, an die christliche Wahrheit zu glauben.

Nein, Satans Versuch, das Christentum an der dogmatischen Front zu schlagen, war kein Erfolg. Es gibt wahrscheinlich heutzutage mehr bibelgläubige Christen als zu irgendeiner Zeit der Weltgeschichte. Doch steht die wahre Religion vom Kreuz an einer anderen Front in ernster und großer Gefahr. Seltsamerweise haben viele der Kämpfer, die so tapfer stritten, als die Wahrhaftigkeit der Bibel angegriffen wurde, den Feind überhaupt nicht erkannt, als er sich aus einer anderen Richtung näherte.

Die eigentliche Gefahr entsteht aus der Mitte der bibelfesten Gläubigen. Sie besteht in der Annahme der Wertmaßstäbe der Welt und dem Trugschluss, dass die Reiche der Welt und deren Herrlichkeit wertvolle Schätze sind, nach denen gläubige Männer und Frauen durchaus streben sollten. Blinde Führer der blinden Seelen machen das Zugeständnis, dass man doch einiges zu Gunsten der Weltherrlichkeit sagen könne. Sie verfechten den Gedanken, dass Christen sich von den Vergnügungen der Welt nicht fern halten sollten, außer solchen natürlich, die sich für eine ehrbare Gesellschaft nicht schicken. Alles andere ist in Ordnung; und die gleichen Wertmaßstäbe, die Christus verachtete, werden jetzt benutzt, um Menschen für das Evangelium zu gewinnen.

Christus braucht jetzt so etwas wie einen Schutzherrn, eine berühmte Persönlichkeit, die für ihn vor der Welt bürgt. Er blickt sich Hilfe suchend nach einer bekannten Person um, auf deren Popularität er einherreiten kann wie einst auf dem Füllen der Eselin nach Jerusalem. Seine Fähigkeit, Menschen zu sich zu ziehen, wird offen in Frage gestellt, und so scheint er auf ein Werbeteam angewiesen zu sein, das für ihn arbeitet. Die billige und flitterhafte Herrlichkeit, die er einst verwarf, wird ihm wie eine Krone auf den Kopf gesetzt. Die Krone, die sie ihm geben, ist reich verziert mit Imitationen, die alle von der Welt ausgeborgt sind: Wohlstand der Mittelklasse, Erfolg, Ruhm, ein gewisser Bekanntheitsgrad, Geld, Menschenmengen, gesellschaftliche Annahme, Pomp, Protzerei, weltliche Ehren. Die Lust des Fleisches, die Lust der Augen und das hoffärtige Leben sind alle christianisiert worden (wohlgemerkt nicht von den Liberalen, sondern von den »Christen«) und werden nun mit Christus allen angeboten, die da »glauben«.

Trotzdem beten wir immer noch um eine Erweckung, ohne uns des furchtbaren Verrats bewusst zu werden und ohne die geringste Absicht, Buße dafür zu tun. Alle solche Gebete sind vergeblich. Wir brauchen uns nur zu demütigen und der Wahrheit zu gehorchen, und die wahre Erweckung hat schon begonnen. Eine gefühlsmäßige Erweckung, die einer Christenheit aufoktroyiert wird, welche der Herrlichkeit der Welt völlig ergeben ist, würde die Verwirrung und Verirrung nur noch vervollständigen.

Oh, Herr, rette dein Volk vor diesem Fallstrick!

I

Die Wichtigkeit der Gemeinde

Der vollkommenste Ausdruck des Willens Gottes in diesem Zeitalter ist die Gemeinde, die er mit seinem Blut erkauft hat. Um von der Schrift her Gültigkeit zu haben, muss jedes religiöse Tun Teil der Gemeinde sein. Es muss einmal deutlich gesagt werden, dass es auch gerade in unseren Tagen keinen Gott angenehmen Dienst in dieser Welt geben kann, der nicht seinen Mittelpunkt in der Gemeinde hat und daraus entspringt. Bibelschulen, Traktatgesellschaften, Komitees christlicher Geschäftsleute, Seminare und die vielen unabhängigen Gruppen, die in irgendeiner Form religiös tätig sind, müssen sich selbst immer wieder ehrfürchtig und konsequent daran erinnern, dass sie keinen wirklich geistlichen Wertbestand außerhalb oder getrennt von der Gemeinde Jesu Christi haben können.

Nach der Schrift ist die Gemeinde des Herrn durch den Geist die Wohnung Gottes und somit der wichtigste Organismus überhaupt. Sie ist nicht eine weitere gute Institution, ähnlich wie die Familie, der Staat und die Schule. Sie ist die lebenswichtigste aller Institutionen und die einzige, die sich eines himmlischen Ursprungs rühmen kann.

Der Zyniker mag fragen, welche Gemeinde wir denn meinen, und er wird uns daran erinnern, dass die christliche Familie so zersplittert ist, dass es unmöglich ist zu sagen, welche denn die wahre Gemeinde ist, selbst wenn eine solche existieren sollte. Doch wir machen uns nicht allzu viel aus dem überlegenen Lächeln des Zweiflers. Da wir uns innerhalb der Gemeinde Jesu befinden, sind wir uns wahrscheinlich sehr wohl ihrer Fehler bewusst, mehr noch als jemand, der außerhalb steht. Aber trotzdem glauben wir an sie, wo auch immer sie sich in einer Welt voller Dunkelheit und Unglauben offenbaren mag.

Gemeinde ist überall dort, wo der Heilige Geist Menschen zusammengeführt hat, die Christus als Erlöser angenommen haben, die Gott im Geist anbeten und die nichts mit der Welt und dem Fleisch zu tun haben. Ihre Mitglieder sind vielleicht auf dem gesamten Erdenrund verstreut und durch Entfernung und Umstände voneinander getrennt, doch in jedem wahren Mitglied der Gemeinde schlummert der »Stallinstinkt«, das Verlangen des Schafes nach der Herde und seinem Hirten. Gebt einigen wahren Christen auch nur eine kleine Chance, und sie werden zusammenkommen und regelmäßige Versammlungen zum Gebet und zur Gemeinschaft planen und organisieren. In diesen Versammlungen werden sie die Auslegung der Schrift hören, das Brot nach ihrer Erkenntnis miteinander brechen und das rettende Evangelium einer verlorenen Welt bringen.

Solche Gruppen sind Zellen im Leib Christi, und jede ist eine wahre Gemeinde, ein echter Teil der großen Familie Gottes. In und durch diese Zellen wirkt der Geist sein Werk hier auf Erden. Jeder, der die örtliche Gemeinde verachtet, tritt den Leib Christi mit Füßen.

Mit der Gemeinde Jesu wird man noch rechnen müssen.

I

Warum Organisation auch gefährlich sein kann

■ **Im Grunde** genommen ist Organisation der Zusammenschluss einiger Teile des großen Ganzen, die in einem zweckbestimmten und zielgerichteten Verhältnis zueinander stehen. Ob dieser Zusammenschluss freiwillig oder unter Zwang geschieht, hängt von den gegebenen Umständen ab.

Eine gewisse Organisation ist überall im erschaffenen Universum und in der menschlichen Gesellschaft unerlässlich. Ohne sie gäbe es keine Wissenschaft, keine Regierung, keine Familieneinheit, keine Kunst, keine Musik, keine Literatur und keine schöpferische Arbeit irgendwelcher Art.

Das Leben erfordert Organisation. Es gibt kein Leben abseits des Mediums, durch das es sich ausdrückt. Leben kann in sich selbst, unabhängig von einem organisierten Leib, nicht existieren. Es ist nur dort, wo es sich in einem Leib befinden kann, in irgendeiner Form, in der es wohnen kann. Und wo Leib und Form ist, da ist auch Organisation. Ein Mensch, zum Beispiel, ist die Summe seiner organisierten und koordinierten Teile, und in diesen und durch diese wird dem Geheimnis des Lebens Ausdruck verliehen. Wenn aus irgendeinem Grund die Teile in

Unordnung geraten, entflieht das Leben, und der Mensch stirbt.

Die Gesellschaft erfordert Organisation. Wenn Menschen in dieser Welt zusammenleben sollen, müssen sie in irgendeiner Form organisiert sein. Das ist zu allen Zeiten und überall erkannt worden und wird auf allen Ebenen menschlichen Zusammenlebens praktiziert – vom Stammesleben im Dschungel bis hin zum Weltimperium. Ideal ist es, wenn eine Regierung ihre Ordnungsvorstellungen mit einem Minimum an Auflagen und Einschränkungen erreicht und sie dem Individuum ein Maximum an Freiheit zugesteht.

Dass ein gewisses Maß an Einschränkung der individuellen Freiheit wohl bekommt, wird von allen intelligenten Wesen anerkannt. Dass dagegen zu viel Einschränkung schlecht ist, wird ebenfalls von jedem eingesehen. Strittige Meinungen entstehen, wenn wir versuchen, das »etwas« und »zu viel« zu definieren. Wie viel ist eigentlich »zu viel«? Und wie wenig ist »etwas«? Wenn hierin Einigkeit bestünde, würde sich Frieden auf Kongresse und Parlamente senken, der Demokrat und der Liberale würden sich mit dem Republikaner und dem Konservativen verstehen, und jedes Kind könnte Präsident werden.

Die Kluft zwischen einem versklavten und freien Staat ist nur einen Haarspalt breit. Selbst in den autoritären Staaten genießt man einige Freiheit, und auch die Bürger freier Staaten müssen einen gewissen Zwang erdulden. Das Gleichgewicht zwischen diesen beiden Polen entscheidet, ob ein Staat autoritär oder frei ist. Kein gut informierter Bürger glaubt, dass er absolut frei ist. Er weiß, dass seine Freiheit zum Wohle aller in gewisser Hinsicht beschränkt werden muss.

Das Beste, was er erhoffen kann, ist, dass diese Beschränkungen auf ein Minimum reduziert werden. Dieses Minimum an Beschränkungen nennt er »Freiheit«, und sie ist ihm so kostbar, dass er dafür sein Leben riskiert. Die westliche Welt führte in den letzten Jahrzehnten zwei große Kriege, um das Gleichgewicht der Freiheit zu erhalten und den festeren Einschränkungen zu entgehen, die der Nationalsozialismus und der Faschismus ihr auferlegt hätten.

Da ich in meinem Denken christozentrisch bin und an der Bibel orientiert, bringe ich natürlich alles in Beziehung zur christlichen Religion. Daher bin ich seit Jahren sehr über die Tendenz bekümmert, dass viele die christliche Gemeinde überorganisieren wollen. Ich musste mir deshalb auch den Vorwurf gefallen lassen, dass ich gegen Organisation sei. In Wahrheit ist es aber anders.

Der Mensch, der alle Organisation in der Gemeinde ablehnt, verkennt die Wirklichkeit völlig. Kunst ist organisierte Schönheit; Musik ist organisierter Klang; Philosophie ist organisiertes Denken; Wissenschaft ist organisiertes Wissen; Regierung ist einfach organisierte Gesellschaft. Und was ist die Kirche Christi anderes als organisiertes Geheimnis?

Der Pulsschlag des Gemeindelebens ist – mit den schönen Worten von Henry Scougal – »das Leben Gottes in der Seele des Menschen«. Dieses Leben macht die Gemeinde, zusammen mit der eigentlichen Gegenwart Christi in ihr, zu etwas Göttlichem, einem Geheimnis, einem Wunder. Doch ohne Wesen, Form und Ordnung würde dieses göttliche Leben keinen Wohnort haben und keine Möglichkeit, sich in der Gemeinde auszudrücken.

Aus diesem Grund steht im Neuen Testament viel über Organisation. Die pastoralen Epistel des Paulus und seine Briefe an die korinthischen Christen offenbaren, dass der große Apostel ein Organisator war. Er erinnerte Titus daran, dass er ihn in Kreta zurückgelassen habe, um die Dinge in Ordnung zu bringen, an denen es fehlte, und um jeder Stadt Älteste zu bestimmen. Sicherlich kann dies nur bedeuten, dass Titus vom Apostel beauftragt worden war, irgendeine Form von Ordnung in die Gruppen von Gläubigen zu bringen, die auf der Insel wohnten, und Ordnung kann nur durch Organisation erreicht werden.

Christen neigen von jeher entweder in der einen oder anderen Richtung zu Irrtümern, weil sie entweder den Sinn der Organisation nicht verstehen oder die Gefahren der Überbetonung nicht sehen. Einige wollen überhaupt keine Organisation. Natürlich heißt das Ergebnis dann Verwirrung und Unordnung, und beides ist sicher nicht dazu geeignet, der Menschheit zu helfen oder unserem Herrn Ehre zu machen. Andere wiederum ersetzen »Leben« durch »Organisation«, und obwohl sie einen Lebensanspruch haben, sind sie tot. Wieder andere sind so verliebt in ihre Regeln und Verordnungen, dass sie sie in ungebührlichem Maße verfechten, und bald ist alle Natürlichkeit innerhalb der Gemeinde erstickt und alles Leben gewichen.

Der letzte Irrtum macht mir besonders zu schaffen. Viele christliche Gruppen sind an Überorganisation zu Grunde gegangen, andere wiederum starben an Konzeptlosigkeit. Weise Gemeindeälteste werden bei beiden Extremen wachsam sein. Ein Mensch kann sowohl an den Folgen eines zu niedrigen wie auch eines zu hohen Blutdrucks sterben, das bleibt sich ziemlich gleich. Er ist tot, die Ursache spielt nur eine Nebenrolle. Das Wichtigste bei der gemeindlichen Organisation ist, das schriftgemäße Gleichgewicht zwischen zwei Extremen zu entdecken und eine Polarisierung zu vermeiden.

Es ist schmerzlich, wenn man beobachten muss, wie eine fröhliche Gruppe von Christen, die in Schlichtheit geboren und durch das Band himmlischer Liebe zusammengehalten wurde, langsam ihre einfache Art verliert. Sie beginnen jeden feinen Impuls des Geistes nach Vorschrift einzuordnen und sterben so langsam von innen her ab. Doch das ist die Richtung, die fast alle christlichen Denominationen im Laufe der Zeit eingeschlagen haben, und trotz der Warnungen des Heiligen Geistes und des Wortes der Wahrheit gehen fast alle christlichen Gruppen heutzutage denselben Weg. Obwohl die Gefahr besteht, dass es unseren heutigen evangelikalen Gruppen an richtiger Organisation mangelt, kommt die größte Versuchung sicherlich aus anderer Richtung. Kirchen neigen zu Kompliziertheit, und das so selbstverständlich und natürlich, wie es Enten zum Wasser zieht. Was steckt eigentlich dahinter?

Erstens entspringt das meiner Meinung nach dem natürlichen, doch fleischlichen Wunsch einer begabten Minderheit, einer weniger begabten Mehrheit auf die Beine zu helfen und sie dahin zu bringen, dass sie ihren hoch fliegenden Plänen nicht im Wege steht. Das oft zitierte (allerdings meist falsch zitierte) Sprichwort gilt für die Religion ebenso wie für die Politik: »Macht verdirbt (fromme Sitten), und absolute Macht verdirbt absolut.« Der Drang nach Vorherrschaft ist eine Krankheit, für die es noch nie ein Mittel gegeben hat.

Ein zweiter Grund für unsere belastende und nutzlose Überorganisation ist die Angst. Kirchen und Gemeinschaften, die von geheiligten Männern mit Mut, Glauben und Fantasie gegründet wurden, scheinen unfähig, sich über mehr als ein oder zwei Generationen fortzupflanzen. Ihre geistlichen Väter waren nicht in der Lage, andere mit dem gleichen Mut und Glauben anzustecken. Diese Väter hatten Gott und sonst nur wenig, doch ihre Nachkommen vergessen die Vision und verlassen sich auf Methoden und Satzungen, um den Kraftverlust wettzumachen, den sie deutlich im Herzen verspüren. Dann verhärten sich Regeln und Vorschriften zu einer harten schützenden Schale, hinter der sie Zuflucht vor ihren Schwierigkeiten nehmen können. Es ist immer leichter und sicherer, den Kopf einzuziehen, als den Kampf auf offenem Schlachtfeld aufzunehmen.

Unsere gefallene Natur scheint magisch von der Kompliziertheit angezogen und von einfachen und realen Dingen abgestoßen zu werden. Somit steht eine Art beklagenswerte Unvermeidbarkeit hinter unserem krankhaften Drang nach geistlichem Selbstmord. Nur mit prophetischer Schau, wachsamem Gebet und harter Arbeit können wir den Trend rückgängig machen und die entschwundene Herrlichkeit zurückholen.

Auf dem alten Friedhof in der Nähe des historischen Felsens von Plymouth, wo die Pilgerväter bestattet sind, befindet sich ein Stein, auf dem folgende feierlichen Worte eingemeißelt sind (ich zitiere aus meiner Erinnerung): »Was unsere Väter zu so hohem Preis erreichten, lasst uns nicht leichtfertig wegwerfen.«

Wir bibeltreuen Christen dieses Jahrhunderts tun wohl daran, diese Worte auf unsere religiöse Situation anzuwenden. Wir sind immer noch Protestanten und müssen gegen das leichtfertige Aufgeben unserer religiösen Freiheit protestieren. Die einfache Freiheit des frühen Christentums ist uns verloren gegangen. Schritt für Schritt geben wir jene Rechte auf, die durch das Blut des ewigen Bundes für uns erkauft wurden – das Recht, wir selbst zu sein; das Recht, dem Heiligen Geist zu gehorchen; das Recht, unsere eigenen Gedanken zu denken; das Recht, mit unserem Leben zu tun, was wir wollen; und das Recht, unter Gottes Führung zu entscheiden, was wir mit unserem Geld machen.

Denken wir daran: im Augenblick kommen die Gefahren nicht von außen an uns heran, sondern von innen.

I

Das Zeugnis des Christen in der Welt

■ **Der Missionsauftrag** der Gemeinde besteht im Erklären, Verkündigen und Bezeugen. Sie ist auf der Erde geblieben, um für unumstößliche, große und ewige Wahrheiten zu zeugen, die sie von Gott erhielt, und von denen die Welt nichts wissen würde, wenn die Gemeinde Jesu sie nicht darauf hingewiesen hätte.

»Gehet hin und lehret alle Völker«, sagte Jesus der ersten Christenschar. Die Gemeinde sollte lehren und die Welt zuhören, und alle, die das Zeugnis der Christen annahmen, sollten getauft und dann weiter in die Geheimnisse des Reiches Gottes eingeführt werden.

Diese Reihenfolge hatte der auferstandene Christus selbst festgelegt. Die ersten Christen hatten so unfassbare Wunder erlebt, dass sie zuerst voller Furcht waren, dann aber mit einer frohen geistlichen Erregung erfüllt wurden, die sie nicht für sich behalten konnten. Voller Freude wandten sie sich von dem offenen Grab ab, aus dem ihr Herr auferstanden war, und liefen, so schnell sie konnten, um die gute Nachricht zu verbreiten.

Einige Tage später kam der Heilige Geist auf sie, bekräftigte die Wahrheit und gab ihrem Zeugnis eine neue Dimension moralischer Kraft.

So fing alles an: Die Urgemeinde brachte die Botschaft, und die Welt musste diese Botschaft nur hören. Die Jünger hatten das ewige Leben gesehen, gehört und erlebt, das bei dem Vater war und den Menschen offenbart wurde. Von einem unwiderstehlichen Zwang getrieben, gingen sie jetzt zu Juden und Griechen, Sklaven und Herren, Mächtigen und Machtlosen, um es weiterzusagen, zu bezeugen, zu erklären, zu offenbaren. Nachfolgende Generationen von Christen, die nicht mehr mit eigenen Augen gesehen, ihn aber durch das Wirken des Heiligen Geistes persönlich erlebt und erfahren hatten, gaben die Botschaft mit dem gleichen Eifer weiter wie die ursprüngliche Gruppe. Sie waren unermüdliche Zeugen, sie hatten der Welt etwas zu sagen! Sie waren hingebungsvolle Glaubenseiferer, überzeugt davon, dass sie die Wahrheit hatten, die die Welt so sehr brauchte und die sie nicht ignorieren durfte.

So ist es immer gewesen, wenn die Gemeinde Augen und Ohren offen hielt. Wenn sie den Einen erkannte, der zwischen den goldenen Leuchtern wandelt mit einer Stimme wie das Rauschen vieler Wasser, hat sie das Echo dieser Stimme weitergegeben, und die Welt musste einfach zuhören. Manchmal wandte jene Welt ihren Wohltätern den Rücken zu und verfolgte sie bis in den Tod. Manchmal hörte sie hin, so wie Herodes Johannes dem Täufer zuhörte, tief berührt von dem Gehörten, doch unwillig zu gehorchen. Manchmal hörte sie sogar wohlwollend zu, und eine Reihe von Menschen taten Buße und begannen, Christus nachzufolgen. *Doch immer war die Welt der Empfänger: die Gemeinde redete, und die Welt hörte.* So war es richtig, und so hatte Christus es geboten.

Doch hört, ihr Himmel, und staune, du Erde – eine

riesige Verschiebung ist im Verhältnis Gemeinde – Welt geschehen, eine so radikale und groteske Verlagerung, dass man es nicht für möglich gehalten hätte, wäre es vor einigen Jahren prophezeit worden.

Die Gemeinde hat ihr Zeugnis verloren. Sie hat der Welt nichts mehr zu sagen. Ihre einst sichere, laute Stimme ist zu einem entschuldigenden Geflüster geworden. Sie, die einst bezeugte, geht jetzt hin, um zu erfragen. Sie vertritt ihre dogmatischen Lehrsätze so, wie man höflich einen Vorschlag unterbreitet, einen religiösen Rat gibt mit der Entschuldigung, dass es ja nur eine Lehrmeinung sei und dass man keinesfalls eine fromme Beeinflussung beabsichtige.

Die Christenheit hat der Welt nicht nur nichts mehr zu sagen, sondern tatsächlich sind die Rollen vertauscht, und die Diener Christi gehen jetzt zur Welt, um erleuchtet zu werden. Sie sitzen zu Adams Füßen, bitten um Unterweisung und klären ihre Botschaft mit den weltlichen Ideologen ab, bevor sie sie weitergeben. Doch die Gewissheit, die vom Sehen kommt, und die Zuversicht, die aus dem Hören entspringt – wo sind sie?

Ich möchte noch deutlicher werden. Von wem rede ich hier? Von dem Liberalen, der die Autorität der Schrift leugnet? Ich wünschte, es wäre so. Nein, den Liberalen schreibe ich als schon lange gestorben ab und erwarte nichts von ihm. Ich spreche aber von der evangelikalen Kirche und von den so genannten Evangeliumsgemeinden. Ich rede von der Theologie populärer Evangelisation, die die Bibel fleißig, doch ohne eine Spur von Autorität zitiert, die die Welt nach eigener Wertschätzung annimmt, die sich über Sünder lustig macht wie über einen schwächlichen Vater, der schon lange die Kontrolle über seinen Haushalt verloren hat und gar nicht mehr erwartet, dass man ihm gehorcht. Sie bietet Christus als religiöse Beruhigungspille an, der ohne Souveränität und ohne Herrschaftsanspruch ist, akzeptiert die Methoden der Welt und bemüht sich um die Gunst reicher Männer, Politiker und Playboys. Natürlich wird erwartet, dass besagter Playboy sich herablässt, dann und wann ein nettes Wort über Jesus zu sagen.

Ich verweise auf einen angeblich rechtgläubig-christlichen Journalismus, den man jedoch nach Aussehen, Geist, Sprache, Methode und Zielsetzung kaum von einem weltlichen Magazin unterscheiden kann. Ich meine damit das Christentum, das zu Christus sagt: »Wir wollen uns selbst nähren und kleiden; lass uns nur nach deinem Namen heißen, dass unsre Schmach von uns genommen werde.« (Jes 4, 1) Ich meine die Massen von Christen, die Jesus »angenommen« haben, ihre Gemeindehäuser jedoch zu Theatersälen machen, die nicht wissen, was Gottesdienst eigentlich ist, die das Kreuz missverstehen und die für die ernsthaften Folgen wahrer Jüngerschaft völlig blind sind.

Auch meine ich die neue Gruppe liberaler Grenzgänger, die sich der Sprache der wirklichen Christen bedient, aber dennoch mit den Liberalen des alten Stils gemeinsame Sache macht und die der Schmach des Kreuzes zu entgehen versucht. Diese Theologen ziehen es offenbar vor, einem Feuerwerk des Intellektes zu glauben.

Die Gemeinde Jesu Christi befindet sich in der babylonischen Gefangenschaft, und so wie Israel die Lieder Zions nicht in einem fremden Land singen konnte, so haben Christen in Knechtschaft keine bevollmächtigte Botschaft zu verkünden. Sie müssen erst auf die täglichen Nachrichten warten, um einen Text zu haben, und den »Stern« lesen, um ein Thema zu finden. Wie der Chefredakteur einer Tageszeitung nach einer guten Story lechzt, wenn in den letzten Stunden kein passender Mord oder Unfall geschehen ist, so wartet der Prophet in Babylon auf einen Krieg, eine neue Entwicklung im Nahen Osten oder ein Raumfahrtunternehmen – ein Thema, das ihn aus seinem Schweigen erlöst und ihm einen neuen Pachtvertrag auf seine Kanzel sichert.

Wie lautet die Berufung der Gemeinde? Was soll sie ausrichten? Welches sind die strengen, kühnen, ewigen Worte, die sie verkünden soll?

Der erste Grundsatz heißt: Gott ist alles in allem. Er ist die große Realität, die allen anderen Dingen Bedeutung gibt. »Ihr aber seid meine Zeugen, spricht der Herr, und mein Knecht, den ich erwählt habe, auf dass ihr wisset und mir glaubet und verstehet, dass ich's bin. Vor mir ist kein Gott gemacht, so wird auch nach mir keiner sein ... Auch bin ich, ehe denn ein Tag war, und ist niemand, der aus meiner Hand erretten kann.« (Jes 43, 10.13)

Das nächste große Faktum ist, dass wir *von* Gott und *für* ihn erschaffen sind. Die Antwort auf die Frage: »Woher komme ich?« kann nicht besser beantwortet werden als mit den Worten: »Gott hat dich gemacht.« Alle zusammengeballte Weisheit der Welt kann diese einfache Antwort nicht vervollkommnen. Wissenschaftliche Untersuchungen sind tief in das Geheimnis eingedrungen, wie Materie eigentlich wirkt und funktioniert, doch der Ursprung der Materie liegt in tiefem Schweigen und weigert sich, auf irgendwelche Fragen eine Antwort zu geben. Gott schuf den Himmel, die Erde und den Menschen auf der Erde, und er schuf den

Menschen für sich – somit gibt es nur eine Antwort auf die Frage: »Warum schuf Gott mich?«

Der Christ soll nicht argumentieren oder überführen, er soll weder Beweise erbringen noch Ursachen ergründen. Seine Aufgabe ist erfüllt, wenn er laut und deutlich verkündet: »So spricht der Herr.« Wenn er das tut, macht er Gott für das Resultat verantwortlich. Niemand weiß genug, und niemand *kann* genug wissen, um über dies hinauszugehen. Gott schuf uns für sich: das ist das Erste und Letzte, was sich über die menschliche Existenz sagen lässt. Was wir sonst noch hinzufügen, ist bloßes Gerede.

Da wir nun gesehen haben, wer Gott ist und wer wir sind, ist ein rechtes Verhältnis zwischen Gott und uns von überaus großer Wichtigkeit. Dass Gott in uns verherrlicht werden sollte, ist so entscheidend und bedeutend, dass es einzig in seiner Größe da steht. Es ist ein moralischer Imperativ, zwingender als irgendein anderer, den das menschliche Herz anerkennen muss. Die erste verantwortungsvolle Tat eines jeden Menschen sollte ihn dazu befähigen, sein Leben auf eine Gott wohlgefällige Basis zu stellen.

Da wir aber um unsere Sünden und moralischen Verfehlungen wissen, wird die Unmöglichkeit, eine solche frohe Gemeinschaft herbeizuführen, sofort offensichtlich. Wenn wir nicht zu Gott gehen können, was sollen wir dann tun? Die Antwort darauf finden wir im christlichen Zeugnis.

Gott kam nämlich in der Fleischwerdung zu uns. »Wer ist Jesus?«, fragt die Welt, und die Christenheit antwortet: »Jesus ist Gott, der zu uns kam.« Er ist gekommen, um uns zu suchen, uns zu werben und uns wieder für Gott zu gewinnen. Um das zu tun, musste er für uns den Erlösertod sterben. Er musste auf irgendeine Weise unsere Sünde ungeschehen machen, das Protokoll unserer begangenen Sünden zerstören und die Macht der Sünde, die in uns liegt, brechen. Dies alles, so sagt das christliche Zeugnis, tat er in vollkommener Weise, in voller Wirksamkeit und Endgültigkeit am Kreuz.

»Wo ist Jesus jetzt?«, fragt die Welt, und der Christ antwortet: »Zur Rechten Gottes.« Er starb, doch er ist nicht tot. Er stand wieder auf, so wie er es gesagt hatte, und einige nüchterne, vertrauenswürdige Augenzeugen sahen ihn nach seiner Auferstehung von den Toten. Mit anderen Worten: Sein Geist offenbart jetzt dem Christen nicht einen toten Christus, sondern einen Lebendigen. Wir sind ausgesandt, um dieses mit kühner Entschiedenheit zu verkünden, nicht zweifelnd, sondern als solche, die es erlebt haben.

Das Evangelium ist die offizielle Verkündigung, dass Christus für uns starb und wieder auferstand und dass jeder, der glauben will und sich Christus völlig und endgültig ausliefert, für ewig gerettet sein wird. Man muss sich bei der Verkündigung aber auch darüber klar sein, dass man nicht sehr beliebt sein wird, und dass man auch dort stehen muss, wo Christus vor der Welt stand: von vielen bewundert, von wenigen geliebt und von der Mehrheit abgelehnt. Man muss willig sein, diesen Preis zu zahlen, oder man lässt es lieber ganz bleiben. Dann hat Christus einem nichts mehr zu sagen.

Die christliche Botschaft für die Welt muss auch von Sünde, Gerechtigkeit und Gericht handeln. Wir dürfen auf keinen Fall die Moral der Welt akzeptieren, sondern müssen ihr kühn widerstehen und vor ihren Folgen warnen. Diese Warnung muss laut und beharrlich sein, und dabei ist große Vorsicht geboten. Wie folgenschwer und vernichtend wäre es, wenn unser Zeugnis durch ein falsches Verhalten in unserem Leben Lügen gestraft würde!

Und da ist noch etwas: Der christliche Zeuge muss auch immer wieder treu die Warnung aussprechen, dass Gott ein gerechtes und heiliges Wesen ist, dass er mit den Menschen nicht sein Spiel treibt und nicht gestattet, dass sie mit ihm spielen. Er ist langmütig und wartet geduldig und gnädig, doch nach einer Weile wird die freundliche Einladung des Evangeliums zurückgenommen. Die Bemühung, den unverbesserlichen Sünder zu überführen, wird abgebrochen, der Tod bestimmt nun den Zustand des Menschen, der seine Sünde liebte, und er wird an den Ort der Verworfenen gesandt, wo es für ihn keine weitere Hoffnung gibt. Das ist die Hölle, und es mag gut sein, dass wir nur sehr wenig über sie wissen. Was wir über sie wissen, ist schon schrecklich genug.

Seinen eigenen Kindern hat Gott noch sehr viel zu sagen, so viel, dass es ein ganzes Leben eifrigen Zuhörens braucht, um alles aufzunehmen. Doch seine Botschaft an die Welt ist einfach und kurz. Es ist die Aufgabe der Gemeinde Jesu, diese Botschaft jeder Generation und allen Menschen zu sagen, bis sie das Gehörte entweder annehmen oder ablehnen.

Der Christ darf sich von den neuesten Modetrends in Sachen Religion nicht gefangen nehmen lassen, und vor allem darf er nie zur Welt gehen, um seine Botschaft von dort zu holen. Er ist ein Mensch des Himmels, gesandt, um Zeugnis auf Erden zu geben. Da er dem Herrn, der ihn erkaufte, Rechenschaft schuldig ist, achte er auf seinen Auftrag!

I

»Stellet euch nicht dieser Welt gleich ...«

■ **Ein nachdenklicher** Beobachter der religiösen Szenerie versucht in einem anregenden kleinen Buch christliche Sekten und Denominationen als Ausdruck der sozialen Umstände zu erklären, aus denen sie erwuchsen.

Der springende Punkt ist, wenn ich den Argumenten des Autors richtig folge, dass Unterschiede in Lehrmeinung und Fragen der Gemeindeleitung bei den verschiedenen christlichen Gruppen auf verschiedenartige ökonomische, politische, rassistische und kulturelle Strömungen innerhalb des Christentums zurückzuführen sind.

Dieser Theorie entsprechend würde ein demokratischer Staat dazu neigen, eine demokratische Kirche hervorzubringen, während unter einer politischen Diktatur die autoritäre Regierungsform auch in der christlichen Gemeinde vorherrschend sein würde. In einer hoch zivilisierten Gesellschaft würde eine rituelle Form des Gottesdienstes bestimmend sein, ebenso wie reiche Symbolik und viele Formen äußerer Schönheit.

Ob das den historischen Fakten entspricht, kann ich nicht sagen, obwohl meine nur begrenzten Kenntnisse der Geschichte mich zu der Annahme verleiten, dass diese Erklärung wahrscheinlich eine Anpassung der Tatsachen an die Theorie ist oder umgekehrt. Teilweise mag das zutreffen, doch ist damit nicht alles gesagt. Eines ist gewiss: Dort, wo die christliche Religion vom Wesentlichen abweicht, werden sich sicherlich Elemente finden, die unbiblisch und ohne jegliche biblische Grundlage sind. Immer sind es diese Elemente, die die Gemeinde Christi mit sich selbst in Uneinigkeit bringen.

Seit Jahrhunderten sagt die Heilige Schrift, in welcher Sprache sie auch erscheint, jedem dasselbe. Der Geist, der die christliche Offenbarung inspirierte, weicht nie von sich selbst ab, sondern bleibt von Zeitalter zu Zeitalter gleich. Gott wirkt auf ein ewiges Ziel hin, das er vor Beginn der Welt in Jesus Christus festlegte, und unser Herr versichert uns, dass bis Himmel und Erde zerfallen, kein Jota noch Tüpfelchen vom Gesetz vergehen wird, bis dass es alles geschehe. Gottes Wahrheit ist dieselbe, wo immer sie auch erkannt wird, und wenn die Gemeinde die Wahrheit uneingeschränkt akzeptiert, wird sie in der ganzen Welt eine in Lehre und Praxis übereinstimmende Gemeinde sein.

Im Christentum finden wir drei Hauptelemente: geistliches Leben, moralische Praxis und Gemeindeorganisation, und alle drei entspringen und folgen neutestamentlicher Lehre; oder, genauer gesagt, das erste muss es und die anderen sollten es tun. Das Leben muss notwendigerweise an erster Stelle stehen. Die Seele, die der Wahrheit glaubt, wird auf geheimnisvolle Weise mit Leben erfüllt. »Wer mein Wort hört und glaubt dem, der mich gesandt hat, der hat das ewige Leben und kommt nicht in das Gericht, sondern er ist vom Tode zum Leben hindurchgedrungen.« (Joh 5, 24) Und weiter: »Wer an mich glaubt, wie die Schrift sagt, von des Leibe werden Ströme des lebendigen Wassers fließen. Das sagte er aber von dem Geist, welchen empfangen sollten, die an ihn glaubten ...«

Die Botschaft des Kreuzes bietet ewiges Leben und den Segen des der Seele innewohnenden Heiligen Geistes an. Dies unterscheidet das Christentum von allen anderen Religionen, und es ist von Bedeutung, dass diese Unterscheidungsmerkmale weit außerhalb der Reichweite des menschlichen Erkenntnisvermögens liegen. Sie sind geheimnisvoll und göttlich und vollkommen unbeeinflussbar von Rasse, Politik, Wirtschaft und Bildung. Das Leben Gottes in der Seele eines Menschen ist von der sozialen Stellung dieses Menschen völlig unabhängig. In der Urgemeinde übersprang der Geist alle künstlichen Schranken, die Menschen voneinander trennten, und machte alle Gläubigen zu einer geistlichen Bruderschaft. Juden und Heiden, Reiche und Arme, Griechen und Barbaren wurden alle in einen Leib getauft, dessen Haupt Christus war und ist.

Zusammen mit der Gabe des ewigen Lebens, dem Einzug des Heiligen Geistes in das Herz des Gläubigen und der Einführung der neu geborenen Seele in den Leib Christi kommt die sofortige Auflage und Pflicht, den Lehren des Neuen Testamentes zu gehorchen. Diese Lehren sind so leicht verständlich und im Einzelnen festgelegt, dass es, ungeachtet der politischen oder kulturellen Gegebenheiten, unbegreiflich erscheint, dass sie von den Gläubigen unterschiedlich aufgefasst und interpretiert werden. Dass dem so ist, kann nicht geleugnet werden, aber immer liegen die

Gründe dafür in dem unvollkommenen Zustand der Gläubigen: Sie geben nicht inspirierten Schriften Raum in ihren Herzen, und als Folge davon leiden sie unter geistlicher Kraftlosigkeit.

Zweifellos sind christliche Gruppen von der Gesellschaft, in der sie leben, beeinflusst worden. Wir sollten das so sehen, wie es ist und nicht versuchen, es zu vertuschen. »Wer nun eines von diesen kleinsten Geboten auflöst und lehrt die Leute also, der wird der Kleinste heißen im Himmelreich.«

Dass wir Christen die Lehren Christi nach eigenem Gutdünken abändern, um dem Stigma anders Denkender zu entgehen, ist ein Beweis für unseren Rückfall im Glauben, und diese Schande wird nicht hinweggenommen werden, bis wir Buße getan und unser Leben völlig unter die Zucht Christi gebracht haben.

Das dritte Element der christlichen Religion, nämlich die Gemeindeleitung oder die politische Organisation der religiösen Gemeinde zu Anbetung und Gottesdienst, steht in größerem Maße als die anderen beiden Elemente unter dem Druck und den Einflüssen der Gesellschaft. Viele Beispiele lassen sich aus der Geschichte anführen, wo wir Gemeinschaften finden, die sich oft eng an die Organisation des Staates anlehnten. Meine Behauptung wird nicht dadurch zunichte gemacht, dass einige diese Anlehnung leugnen und die Schrift zitieren, um ihr Organisationsmodell zu rechtfertigen.

Der christliche Glaube wird sich zeitweilig und an verschiedenen Orten selbst untreu, wenn er politischen, wirtschaftlichen, rassistischen oder kulturellen Faktoren gestattet, ihn zu beeinflussen. Zweifellos kann man weder von mir, der ich dieses schreibe, noch von Ihnen, der Sie diesen Text lesen, behaupten, dass wir der stark formenden Macht der Gesellschaft entronnen sind. Als Christen der Gegenwart sind wir anders als wir wären, wenn wir in einer anderen Zeitepoche gelebt hätten.

Ich glaube, wir tun gut daran, dies zuzugeben, doch sollten wir es nicht als unvermeidlich oder sogar als Normalzustand ansehen, dass wir uns immer noch von der Welt prägen lassen.

Paulus sagte: »Und stellet euch nicht dieser Welt gleich, sondern verändert euch durch Erneuerung eures Sinnes.« (Röm 12, 2) Dass wir uns in gewissem Sinne der Welt gleich gestellt haben, ist ein Beweis unserer Schwäche. Wir müssen sofort beginnen, dies zu korrigieren: Durch Hingabe, Loslösung, Gehorsam und unermüdliches Gebet müssen wir den Klauen der Welt entrinnen.

Das wahre Christentum steht in scharfem Kontrast zu der Welt – wie sollte es sich da von ihr prägen lassen! Wo die Kraft Gottes eine Zeit lang wirken konnte, da hat die Gemeinde Jesu Christi den Dingen manchmal eine Wendung gegeben und einen reinigenden Einfluss auf die Gesellschaft ausgeübt.

I

Einheit ist nicht immer himmlisch

■ **Wann man** sich zusammenschließen und wann man teilen soll, das ist die Frage, und eine richtige Antwort darauf verlangt die Weisheit eines Salomo.

Einige lösen das Problem »so über den Daumen gepeilt«: alle Einmütigkeit ist gut, und alle Teilung ist schlecht. So einfach ist das. Doch offensichtlich lässt diese mühelose Art die geschichtlichen Lektionen außer Acht und übersieht einige der großen geistlichen Gesetze, durch die wir Menschen leben.

Wenn gute Menschen alle für Einmütigkeit und schlechte Menschen alle für Teilung wären, dann würde es die Problemlösung wesentlich vereinfachen. Oder wenn es sich zeigen würde, dass Gott immer vereinigt und der Teufel immer auseinander bringt, dann wäre es leicht, uns in dieser verwirrten und verwirrenden Welt zurechtzufinden. Doch leider ist dem nicht so.

Zu teilen, was geteilt werden sollte, und zu vereinen, was vereint werden sollte, dazu braucht es viel Weisheit. Die Vereinigung verschiedenartiger Elemente ist niemals gut, selbst wenn sie möglich erscheint. Auch die willkürliche Teilung gleicher Elemente ist nicht gut. Dies gilt sowohl für moralische und religiöse als auch für politische oder wissenschaftliche Belange.

Der Erste, der teilte, war Gott, als er bei der Schöpfung das Licht von der Dunkelheit schied. Diese Teilung war richtungweisend für Gottes gesamtes Handeln in der Natur und auch in seiner Gnade. Licht und Dunkelheit sind unvereinbar. Beides zu gleicher Zeit haben zu wollen, heißt, das Unmögliche zu versuchen. Gewöhnlich endet es damit, dass man weder das eine noch das andere hat, dafür aber Dämmerung und die Nebelschleier des Kompromisses.

In der Welt des Menschen gibt es zur Zeit kaum irgendwelche scharfen Umrisse. Die Menschheit ist gefallen. Die Sünde hat Verwirrung gestiftet. Der Weizen wächst mit den Disteln, Schafe und Böcke leben nebeneinander, die Wohnungen der Gerechten und Ungerechten liegen Tür an Tür, die Missionsstation steht neben der Kneipe.

Doch das wird nicht immer so sein. Die Stunde wird kommen, wo die Schafe von den Böcken getrennt werden und die Spreu vom Weizen. Gott wird wieder das Licht von der Dunkelheit scheiden, und jedes wird zu seiner Art finden. Spreu wird mit Spreu ins Feuer gehen und Weizen mit Weizen in die Scheune. Die Dämmerung wird sich wie ein Nebel erheben und alle Umrisse freigeben. Hölle wird Hölle sein, und der Himmel wird sich als das Heim aller offenbaren, die das Wesen des einen Gottes haben.

Auf diese Zeit warten wir mit Geduld. In der Zwischenzeit stellt sich für jeden von uns und für die Gemeinde Christi die immer wiederkehrende Frage: Mit wem sollen wir uns vereinen und von wem trennen? Die Frage der Koexistenz steht hier nicht zur Debatte, sondern die Frage der Einmütigkeit und Gemeinschaft. Der Weizen wächst auf dem gleichen Feld wie die Disteln, doch sollten die beiden sich gegenseitig befruchten? Die Schafe grasen bei den Ziegen, doch sollten sie versuchen, sich zu kreuzen? Die Ungerechten und die Gerechten freuen sich an demselben Regen und Sonnenschein. Sollten sie ihre tiefen moralischen Unterschiede vergessen und sich miteinander verheiraten?

Auf diese Fragen ist die allgemein übliche Antwort: *ja.* »Eintracht um der Eintracht willen«, »... die Menschen sollen Brüder sein«: die Einmütigkeit wird so sehnlich gewünscht, dass kein Preis dafür zu hoch ist. Die Wahrheit wird erschlagen, um die Veranlassung zu einem Fest zu geben und die Vermählung von Himmel und Hölle zu feiern. Und das alles, um eine Vorstellung von Einmütigkeit zu stützen, die vom Worte Gottes her keine Basis hat.

Die vom Geist erleuchtete Gemeinde wird daran keinen Anteil haben wollen. In einer gefallenen Welt wie der unsrigen ist Einmütigkeit kein Schatz, den man zum Preis des Kompromisses kaufen kann. Loyalität gegen Gott, Treue zur Wahrheit und die Bewahrung eines guten Gewissens sind Edelsteine, die kostbarer sind als das Gold von Ophir oder die wertvollsten Diamanten. Für die biblischen Edelsteine haben Menschen den Verlust ihres Eigentums, Gefangenschaft und sogar den Tod erduldet. Für sie haben die Nachfolger Christi, sogar noch in jüngster Zeit hinter den verschiedensten Grenzen, den größten Preis der Hingabe bezahlt und sind unerkannt und von der großen Welt ungeehrt gestorben. Doch Gott kennt sie, und seinem Vaterherzen sind sie teuer. An dem Tage, an dem die Geheimnisse aller Seelen preisgegeben werden, werden jene Unbesiegten hervorgehen, um nach den Taten zu empfangen, die sie im Leben getan haben. Sicherlich sind solche Menschen weisere Philosophen als die religiösen Mitläufer bedeutungsloser Einmütigkeit, die nicht den Mut haben, gegen moderne Trends anzugehen, und die nach Brüderschaft blöken, nur weil sie gerade populär ist.

»Teilt und erobert« ist der zynische Schlachtruf skrupelloser politischer Führer, doch Satan weiß auch, wie man *vereint* und besiegt. Um ein Volk in die Knie zu zwingen, muss ein Diktator es vereinen. Durch wiederholte Appelle an den Nationalstolz oder an die Pflicht, das in der Vergangenheit oder Gegenwart erlittene Unrecht zu rächen, gelingt es dem Demagogen, das Volk hinter sich zu vereinen. Danach ist es leicht, die Kontrolle über das Heer zu ergreifen und die gesetzgebende Gewalt zur Unterwürfigkeit zu bringen. Dann folgt fast vollkommene Einheit, doch es ist die Einmütigkeit der Schlachthöfe und Konzentrationslager. Wir haben es in diesem Jahrhundert einige Male beobachtet, und die Welt wird es wenigstens noch einmal erleben, wenn die Völker der Erde sich unter dem Antichristen vereinen.

Wenn verirrte Schafe sich über eine Klippe stürzen, kann das einzelne Schaf sich nur retten, indem es sich von der übrigen Herde trennt. Vollkommene Einheit würde zu diesem Zeitpunkt den Tod aller bedeuten. Um seine eigene Haut zu retten, löst sich das weise Schaf von der Herde.

In der Einheit gleichartiger Elemente und in der Trennung von Ungleichheiten liegt Macht. Vielleicht brauchen wir heute in den christlichen Kreisen nicht so sehr Einmütigkeit, sondern eher weise und mutige Trennung. Jeder wünscht Frieden, doch es könnte sein, dass erst dem Schwert die Erweckung folgt.

I

Künstliche Teilungen sind gefährlich

■ **Im vorhergehenden** Kapitel habe ich darauf hingewiesen, dass Trennungen in gewissen Situationen durchaus von Vorteil sind. Diese These möchte ich nun weiter ausbauen.

Ich meine, dass wir evangelikalen Christen zwei schwer wiegende Fehler begehen. Der erste ist, auf Einheit zu bestehen, wo sie nicht sein sollte. Der andere besteht darin, künstliche Teilungen zu verursachen, wo es keine Rechtfertigung dafür gibt.

Eine Tatsache, die man immer im Sinn behalten sollte, ist die organische Einheit aller wahren Gläubigen in Christus. Wie schlecht Gottes Kinder über dieses Thema auch unterrichtet sein mögen und wie weit durch künstliche Schranken voneinander getrennt, so sind sie doch alle unbestreitbar Glieder Christi, und zwar genauso sicher, wie Füße, Augen und Ohren Glieder am Leibe eines Menschen sind. Einheit in Christus ist nicht etwas, wonach es zu streben gilt – sie ist eine konkrete Tatsache. Ich glaube, Paulus hat das in 1. Korinther 12 und Epheser 4 durchaus klar dargelegt.

Die Einheit der Gläubigen wurde von der Gemeinde in Jerusalem als selbstverständlich betrachtet.

»Und alle, die da glaubten, waren zusammen und hatten alles gemeinsam.« Dies beschreibt die kindlich-naive Einstellung jener ersten Christen sehr genau. Paulus gab in seinen Episteln die theologische Erklärung für diese Einheit, doch die Tatsache war der Erklärung um einige Jahre voraus.

Als der Apostel an die Epheser schrieb, ermahnte er sie nicht, nach Einheit zu streben. Er forderte sie vielmehr auf, die Einheit des Geistes in den Banden des Friedens zu erhalten, *weil* es einen Leib, einen Geist, eine Hoffnung, einen Herrn, einen Glauben, eine Taufe und einen Gott und Vater aller Christen gibt. Gottes Kinder sollten wie Brüder handeln, weil sie Brüder *sind*, nicht um Brüder zu werden.

Da die Gemeinde Christi nun ein Leib ist, muss alles, was zu Trennung und Teilung führt, von Übel sein, so harmlos oder nützlich es auch erscheinen mag. Unsere heutige evangelikale Christenheit ist in einzelne Fragmente aufgeteilt, die unabhängig voneinander und manchmal sogar gegeneinander leben und wirken. In einigen Gemeinden wird weder Zeit noch Raum für die gemeinsame Anbetung aller Mitglieder gegeben, dort ist schon von der Organisation her eine solche Einheit unmöglich.

Jeder Glaube oder jede Glaubenspraxis, die die Mitglieder dazu bringt, sich in Gruppen aufzuteilen, ist von Übel. Es mag vielleicht zuerst notwendig oder sogar vorteilhaft erscheinen, solche Gruppen zu bilden, doch bald macht sich der Geist der Trennung unbewusst in den Gedanken der beteiligten Personen bemerkbar. Er nimmt zu und verhärtet sie, bis es ihnen unmöglich wird, sich noch zur ganzen Gemeinde zugehörig zu fühlen. Sie mögen alle an der Lehre der

Einheit festhalten, doch der Schaden lässt sich nicht wieder gutmachen; tief im Innern fühlen sie sich abgesondert und uneins.

Ein Punkt, an dem sich das Übel besonders bemerkbar macht, ist die Angewohnheit, die Gemeinde in Altersgruppen aufzuteilen. Soweit ich das beurteilen kann, teilten sich weder die alttestamentlichen Hebräer noch die Gemeinden des Neuen Testaments zum Gottesdienst in Altersgruppen auf. Dieser Brauch scheint sich mit der neuen Mode, die Jugend zu glorifizieren und auf das Alter als unschöne Begleiterscheinung herabzublicken, breit zu machen. So neu diese Mode scheint, ist sie doch nur eine Folge der Rebellion der jungen Generationen in den letzten fünf Jahrzehnten, die vor neunzehnhundert Jahren durch den Apostel Paulus angekündigt wurde.

Die Teilung von Jugend und Alter ist in einigen Gemeinden so weit fortgeschritten, dass Alte und Junge sich aus verschiedenen Ecken des Versammlungssaals anstarren und überhaupt keine geistliche Gemeinschaft mehr miteinander haben können. Wenn alle wahre Christen sind, ist zwar die grundlegende Einheit nicht aufgehoben, doch der Geist der Einheit ist gestört – was zur Folge hat, dass der Herr betrübt ist und die Gemeinde geschwächt. Hinzu kommt, dass manches in der christlichen Erziehung und Bildung den Teilungsaspekt verstärkt.

Eine weitere gefährliche Sache ist das Absondern von Christen in Gruppen, die sich aus den jeweiligen weltlichen Berufen ergeben. So genannte christliche Gilden, die sich um gewisse Tätigkeiten, Handwerke oder Berufe drehen, können nicht anders als sehr schädlich sein, wenn sie innerhalb einer Gemeinde existieren. Wo Organisationen außerhalb der örtlichen Gemeinde als Zentrum der Gemeinschaft des einen oder anderen weltlichen Bereichs gegründet werden, wie Studentengruppen in Universitäten oder Gruppen zur Förderung christlicher Gemeinschaft und christlichen Zeugnisses im Militär, da haben diese Gruppen eine durchaus brauchbare Funktion in unserer so genannten christlichen Gesellschaft. Sie bemühen sich, Christen zu vereinen, nicht zu trennen und fallen nicht unter die Zensur.

Tiefer und weitgehender in ihrer Wirkung ist die alte Gewohnheit, Christen aus den Gemeinschaften in zwei Klassen einzuteilen, nämlich die so genannten Laien und die so genannten Geistlichen. Diese Differenzierung ist zum Teil einer Wahrheit entwachsen und daher äußerst schwierig zu korrigieren.

Es stimmt, dass Gott einige in seiner Gemeinde zu Aposteln verordnet hat, andere zu Propheten, zu Evangelisten, Pastoren und Lehrern. Außerdem hat er ihnen gewisse Aufgaben innerhalb der Gemeinde der Heiligen zugeteilt. Doch die Annahme, dass sie eine Oberschicht bilden oder eine privilegierte Klasse darstellen, ist völlig falsch. Das tun sie ganz und gar nicht. Die Ausübung ihrer Pflichten innerhalb der Gemeinde führt aber leicht zu der Annahme, dass sie es eben doch sind, und das kann Teilung bewirken.

Ich habe hier nur drei künstliche Teilungen erwähnt. Jedoch wird es dem aufmerksamen Leser nicht schwer fallen, selbst Nachforschungen anzustellen, welche Probleme sich aus willkürlichen Teilungen innerhalb der Gemeinde ergeben.

I

Die Verantwortung einer Führungsposition

■ **Die Geschichte** Israels und Judas ist Sinnbild einer Wahrheit, die in der Geschichte aller Völker immer wieder klar zum Vorschein kommt, nämlich, dass sich die Volksmassen an dem Verhalten ihrer politischen Führer orientieren. Die Könige zeichnen den moralischen Weg ihrer Völker vor.

Die Öffentlichkeit ist nie fähig, en masse zu handeln. Ohne einen Führer ist sie kopflos, und ein kopfloser Leib ist machtlos. Immer muss es jemanden geben, der führt. Selbst der plündernde und mordende Mob ist keine unorganisierte Masse, obwohl es so scheint. Irgendwo steht ein Anführer hinter der Gewalttätigkeit, dessen Ideen die anderen verwirklichen.

Es stimmt, dass Israel manchmal gegen seine Führer rebellierte, doch waren die Rebellionen nicht spontan. Das Volk wandte sich lediglich einem neuen Führer zu und folgte ihm, weil es tatsächlich immer auf einen Leiter und Lenker angewiesen war.

Welche Charaktereigenschaften ein König auch besaß, bald unterstellte sich das Volk seinem Vorbild und seiner Führung. Es folgte David in der Anbetung Jehovas, Salomo beim Bau des Tempels, Jerobeam beim Götzendienst und Hiskia in der Wiedereinführung des Tempelgottesdienstes.

Es ist für die Massen nicht sehr schmeichelhaft, dass sie sich so leicht führen lassen, doch haben wir kein Interesse daran, das zu loben oder zu tadeln. Vielmehr geht es uns um die Wahrheit, und die Wahrheit ist, dass religiöse Menschen in guten wie in schlechten Tagen gern auf menschliche Vorbilder vertrauen.

Ein redlicher Mann kann die Moral eines ganzen Volkes ändern, ein korrupter und weltlicher »Geistlicher« dagegen kann eine Nation in die Knechtschaft führen. Das etwas veränderte Sprichwort: »Wie der Priester, so das Volk«, fasst in wenigen Worten eine Wahrheit zusammen, die in der Schrift mehrfach unterstrichen wird und die sich in der religiösen Geschichte immer wieder gezeigt hat.

Heutzutage ist die Christenheit in der westlichen Welt das, was ihre Anführer in der jüngsten Vergangenheit waren und wird zu dem, was ihre gegenwärtigen Führer sind. Die Ortsgemeinde wird bald so wie ihr Pastor, und dies trifft auch auf solche Gruppen zu, die nichts von Pastoren halten. Der eigentliche Pastor einer solchen Gruppe lässt sich nicht schwer identifizieren. Er ist wahrscheinlich derjenige, der das stärkste Argument dagegen vorbringen kann, dass eine Gemeinde überhaupt einen Pastor haben sollte. Der willensstarke Anführer einer örtlichen Gruppe, dem es gelingt, seine Herde durch Bibelauslegungen oder Stegreifreden in den öffentlichen Versammlungen zu beeinflussen, ist der eigentliche Pastor, wie energisch er es auch leugnen mag.

Der armselige Zustand der Gemeinden heute kann direkt auf ihre Führungspersönlichkeiten zurückgeführt werden. Wenn es einmal vorkommt, dass sich die Mitglieder einer örtlichen Gemeinde erheben und ihren Pastor entlassen, weil er die Wahrheit gepredigt hat, folgen sie immer noch einem Anführer. Hinter ihrer Handlungsweise steht gewöhnlich ein fleischlich gesinnter (und oft wohlhabender) Diakon oder Ältester, der für sich das Recht in Anspruch nimmt, zu entscheiden, wer Pastor sein soll und was er an jedem Sonntag sagen darf. In solchen Fällen ist der Pastor unfähig, seine Herde zu führen, er arbeitet lediglich für den »Leithammel« – eine wirklich bedauernswerte Situation.

Eine Anzahl von Faktoren tragen zu schlechter geistlicher Führung bei. Hier sind einige:

1. *Furcht.* Der Wunsch, beliebt zu sein und bewundert zu werden, ist selbst unter den Geistlichen sehr stark ausgeprägt. So ist der Pastor versucht, lieber stillzuhalten und den Leuten mit einem gewinnenden Lächeln zu begegnen, anstatt öffentlicher Missbilligung ausgesetzt zu sein. »Die Furcht vor den Menschen ist eine Falle«, sagt der Heilige Geist, und das gilt nirgends mehr als im geistlichen Amt.

2. *Die wirtschaftliche Daumenschraube.* Die kirchlichen und freikirchlichen Geistlichen werden oft unterbezahlt, und die Familien der Pastoren sind oft recht groß. Nimmt man diese beiden Faktoren zusammen, so hat man eine perfekte »Daumenschraube«, um die Männer Gottes in Schwierigkeiten und Versuchungen zu bringen. Die Fähigkeit der Gemeindemitglieder, den Fluss der Geldmittel einfach zu stoppen, wenn der Mann auf der Kanzel ihnen zu nahe kommt, ist wohl bekannt. Der durchschnittliche Pastor lebt von Jahr zu Jahr nur von der Hand in den Mund. Einer Gemeinde kraftvolle geistliche Führung zu geben, bedeutet oft wirtschaftlichen Ruin. Und so wird solche

Führung einfach zurückgehalten. *Das Schlimme daran ist aber, dass zurückgehaltene Führung tatsächlich eine Art von invertierter Führung ist: der Geistliche, der seine Herde nicht den Berg heraufführen will, führt sie, ohne es zu wissen, hinunter.*

3. *Ehrgeiz.* Wenn Christus für den Geistlichen nicht alles in allem ist, dann ist er versucht, sich selbst einen Namen zu machen. Sein Mäntelchen nach dem Wind zu hängen, ist ein lange erprobtes Mittel, um in kirchlichen Kreisen voranzukommen. Anstatt seine Gemeinde dahin zu führen, wo sie gehen *sollte*, führt er sie dahin, wohin sie gehen *möchte*. Auf diese Weise hat es wenigstens den Anschein, als wäre der Pastor ein mutiger Anführer. Außerdem vermeidet er es sorgfältig, jemanden zu verletzen. Damit versichert er sich der Gunst übergemeindlicher Kompetenzen, die ihm bei der Vermittlung einer großen Gemeinde oder eines hohen Postens behilflich sein könnten.

4. *Intellektueller Stolz.* Unglücklicherweise wird in religiösen Kreisen die gebildete Oberschicht übermäßig beachtet, und doch ist sie meiner Meinung nach nichts weiter als umgekehrtes Hippietum. Genauso wie der Hippie, der trotz lauthalsiger Beteuerungen seiner Ungebundenheit einer der versklavtesten Konformisten ist, zittert der junge Intellektuelle auf seiner Kanzel davor, irgendetwas Abgedroschenes oder Gewöhnliches zu sagen. Seine Gemeinde erwartet von ihm, dass er sie auf grüne Weiden führt, doch statt dessen dirigiert er sie im Kreise herum und lässt sie in sandigen Wüsten verhungern.

5. *Nichtvorhandensein geistlicher Erlebnisse.* Niemand kann andere weiter führen, als er selbst gegangen ist. Dies ist bei vielen Geistlichen der Grund für

ihr Versagen. Sie wissen einfach nicht, wohin sie gehen sollen.

6. *Ungenügende Vorbereitung.* Die Gemeinden sind übersät mit religiösen Amateuren, die rein bildungsmäßig unfähig sind, vom Altar her zu dienen, und unter den Folgen muss die Gemeinde zwangsläufig leiden. Sie wird irregeführt und merkt es nicht einmal.

Der Lohn für von Gott abhängige Führung ist so groß und die Verantwortung des Leiters so schwer, dass es sich niemand leisten kann, die Sache leicht zu nehmen.

I

Der Weg Christi ist immer noch schmal

■ **Wir, die** wir Christus in dieser bösen Zeit folgen, sind in einen Krieg verstrickt, der zwei Fronten hat.

Die Kampfhandlung ebbt auf einem Sektor nur ab, um auf einem (oder zwei oder auch zehn) anderen wieder aufzuflammen. Der Feind ist überall; er nimmt viele Gestalten an und tarnt sich zu gegebener Zeit so, wie es seinem bösen Vorhaben am Besten dient, und aus diesem Grund wird er oft auch fälschlicherweise für einen Freund gehalten.

Im Allgemeinen haben Soldaten stets stolz die Uniform ihres Landes getragen und konnten somit leicht identifiziert werden. Im Zweiten Weltkrieg zogen Nazis manchmal Uniformen der Alliierten an, und es gelang ihnen auf diese Weise, einige der Feindsoldaten zu täuschen und zu vernichten, die sich andernfalls zur Wehr gesetzt hätten. Doch dieser Trick war keine Nazi-Erfindung. Er geht zurück auf den Tag, da der Teufel, als Freund getarnt, Evas Vertrauen gewann und damit den Fall der gesamten Menschenrasse einleitete.

Täuschungsmanöver sind von jeher wirksame Waffen gewesen, und absolut tödlich sind sie, wenn sie auf dem Gebiet der Religion angewandt werden. Unser Herr warnte uns eindringlich, als er sagte: »Sehet euch vor vor den falschen Propheten, die in Schafskleidern zu euch kommen, inwendig aber sind sie reißende Wölfe.« Diese Worte sind zu einem in der ganzen Welt bekannten Sprichwort geworden, doch immer noch werden wir von den Wölfen an der Nase herumgeführt.

Es gab eine Zeit – bis in die zwanziger und dreißiger Jahre –, da wusste ein Christ noch, wo er stand, oder wenigstens konnte er es wissen. Die Worte Christi wurden ernst genommen. Entweder war man gläubig im neutestamentlichen Sinne oder nicht. Es gab klare Unterscheidungsmerkmale: Schwarz stand in scharfem Kontrast zu Weiß, und Licht war getrennt von der Finsternis. Es war noch möglich, das Rechte vom Unrechten, die Wahrheit vom Irrtum und einen echten Gläubigen von einem Ungläubigen zu unterscheiden. Die Christen wussten, dass sie der Welt entsagen mussten, und größtenteils gab es Übereinstimmung darüber, was mit der Welt gemeint war. So einfach war das.

Doch in den letzten Jahrzehnten hat eine stille Revolution stattgefunden. Das gesamte religiöse Bild hat sich geändert. Ohne auch nur eine einzige Glaubenslehre zu leugnen, haben dennoch viele Christen den Glauben verlassen und sind ebenso weit in die Irre gegangen wie die Anhänger der modernen Theologie, die wenigstens noch aufrichtig genug waren und die Schrift zu widerlegen versuchten, bevor sie sie leugneten.

Viele unserer bekanntesten Prediger und Lehrer haben »Bauchrednerfähigkeiten« entwickelt und können jetzt ihre Stimmen aus verschiedenen Richtungen kommen lassen. Sie haben das traditionelle christliche Gedankengut aufgegeben. Für sie gibt es weder Schwarz noch Weiß, sondern nur Grau. Jeder, der behauptet, Jesus Christus »angenommen« zu haben, wird sofort in die rechtschaffene Gemeinschaft der Propheten und wunderbare Bruderschaft der Apostel aufgenommen, ohne Rücksicht auf die Weltlichkeit seines Lebens oder die Unbestimmtheit seiner Lehrmeinung.

Ich habe verschiedene Redner gehört und die Bestandteile erkannt, aus denen sich ihre Reden zusammensetzen: ein bisschen Freud, eine Prise Emile Coué, ein gutes Teil verwässerter Humanismus, zarte Stücke der Transzendentalphilosophie Emersons, autogenes Training à la Dale Carnegie, viel Hoffnung und religiöse Sentimentalität – doch nichts Hartes, Scharfes und Genaues. Nichts von dem Entweder-Oder eines Christus, eines Petrus oder Paulus. Nichts von dem »Wer ist des Herrn?« eines Mose oder des »Erwählet euch heute, wem ihr dienen wollt!« eines Josua. Nur ein leises Flehen, »Jesus anzunehmen und ihn die Probleme lösen zu lassen«.

Wenn diejenigen, die ich hier beschreibe, Sektenanhänger oder Liberale der einen oder anderen Prägung wären, dann hätte ich nichts mehr zu sagen. Doch viele von ihnen halten sich für Evangelikale. Wenn man ihnen zusetzt, werden sie zwar darauf bestehen, dass sie an die Schrift glauben und jeden Grundsatz historischen, christlichen Glaubens annehmen, doch lauscht man ihren Worten, so stellt man das in Frage. Sie bauen auf Sand. Der Felsen gesunder Theologie ist nicht ihre Basis.

Eine Meinung ist in den Reihen zeitgenössischer

Evangelikaler ziemlich weit verbreitet, dass nämlich die Liebe alles sei, worauf es ankommt. Aus diesem Grunde sollten wir daher auch jeden annehmen, dessen Absichten ernst sind, ungeachtet seiner Lehrmeinung; vorausgesetzt allerdings, dass er bereit ist, Jesus zu vertrauen, die Schrift zu lesen und zu beten. Die nicht wiedergeborenen Sympathien eines gefallenen menschlichen Herzens nehmen dieses nebelhafte Glaubensbekenntnis nur zu gern an. Das Unangenehme daran ist nur, dass die Heilige Schrift nichts dergleichen lehrt.

Der Apostel Paulus warnt davor und nennt es »ungeistliches, loses Geschwätz«, wie zum Beispiel das von Hymenäus und Philetus, von denen er sagte, dass ihr Wort um sich fresse wie der Krebs und einige von der Wahrheit weggeführt habe. Was war ihr Irrtum? Sie lehrten lediglich eine geistliche Auferstehung anstatt einer leiblichen.

Ein alter Gottesmann sagte einmal: »Wenn sich jemand vornimmt, anderen zuvorzukommen, um vor ihnen in der Hölle zu sein, dann braucht er seine Segel nur den Winden der Irrlehre auszusetzen, und wahrscheinlich wird er eine kurze Reise zur Hölle haben, denn Irrlehre bringt ihren Anhängern eine schnelle Vernichtung.«

Dies steht der Ansicht des Paulus näher als der Meinung der neuen »christlichen« Freidenker. Der Weg des Kreuzes ist noch immer schmal.

Das Beste will erkämpft werden

In unserer verdrehten Welt sind die wichtigsten Dinge oft am schwersten zu lernen, und umgekehrt sind die Dinge, die uns am leichtesten eingehen, meistens von geringem Wert, jedenfalls auf lange Sicht gesehen.

Dies ist für uns keine Theorie, sondern eine praktische Erfahrung aus dem christlichen Leben: Etwas, das wir mit der geringsten Mühe zu lösen versuchen, ist meist oberflächlich und weniger wichtig, und die wirklich lebenswichtigen Glaubensdinge werden bewusst gemieden, weil sie eben Schwierigkeiten machen.

Das wird in den verschiedenen Formen unseres christlichen Dienstes deutlicher, besonders im Hirtenamt. Dort sind die schwierigsten Tätigkeiten diejenigen, die am meisten Frucht hervorbringen, und die weniger fruchtbaren Dienste werden mit dem geringsten Aufwand getan. Dies ist eine Falle, in die der weise Geistliche nicht hineintappen wird, und sollte er feststellen, dass er schon darin gefangen ist, dann wird er Himmel und Erde mobilisieren, um ihr zu entkommen.

Mit Erfolg zu beten ist die erste Lektion, die der Prediger lernen muss, wenn er fruchtbar predigen will. Das Gebet ist das Schwierigste, was ihm auferlegt wurde, und es ist nur menschlich, wenn er versucht wird, es zu vernachlässigen. Er muss sich fest im Herzen vornehmen, im Gebet zu obsiegen, und dies wird bedeuten, dass er erst einmal sein eigenes Fleisch besiegen muss. Es ist immer das Fleisch, das das Gebet hindert.

Fast alles, was mit dem geistlichen Amt zusammenhängt, kann mit durchschnittlicher Intelligenz erlernt und in die Praxis umgesetzt werden. Es ist nicht schwer zu predigen, die Gemeindeverwaltung durchzuführen oder Hausbesuche zu machen. Hochzeiten und Begräbnisse können ohne weiteres mit ein wenig Hilfe von »Knigge« und dem »Handbuch für Prediger« vorbereitet werden. Das Ausarbeiten von Predigten lässt sich ebenso gut erlernen wie die Schuhmacherei. Und so ist es mit der gesamten Arbeit des Pastors, wie sie im Allgemeinen heute in einer durchschnittlichen Gemeinde getan wird.

Doch das Gebet – das ist etwas ganz anderes. Da ist der »Knigge« hilflos, und das »Handbuch für Prediger« hat wenig Bedeutung. Dort muss der einsame Mann Gottes allein kämpfen, manchmal mit Fasten und Tränen und unter unsäglicher Mühe. Da muss er seine Originalität beweisen, denn ernstliches Gebet kann nicht imitiert, noch von jemand gelernt werden. Jeder muss für sich beten, als ob es nur ihn gäbe, der beten könnte, und seine Hinwendung zu Gott muss individuell und unabhängig sein; unabhängig von jedem, außer dem Heiligen Geist.

Thomas à Kempis sagte, dass der Mann Gottes in seinem Gebetskämmerlein mehr zu Hause sein sollte als in der Öffentlichkeit. Es ist wohl nicht zu viel gesagt, dass der Prediger, der gern vor Publikum steht, sich gar nicht genug auf seine Aufgabe vorbereiten kann. Das rechte Beten kann einen Menschen sogar sehr zögernd machen, überhaupt vor Zuhörern zu erscheinen. Der Mensch, der sich in der Gegenwart Gottes wirklich zu Hause fühlt, wird sich in einer inneren Widersprüchlichkeit befinden. Wahrscheinlich wird ihn die Verantwortung so sehr drücken, dass er liebend gern alles andere täte, als einem Publikum gegenüberzustehen. Und doch mag er sich innerlich so sehr gedrungen fühlen, dass selbst wild gewordene Pferde ihn nicht von seiner Kanzel wegreißen könnten.

Niemand sollte vor Zuhörern stehen, wenn er nicht zuvor vor Gott gestanden hat. Viele Stunden der Gemeinschaft mit Gott sollten einer Stunde auf der Kanzel vorausgehen. Das Gebetskämmerlein sollte vertrauter sein als der öffentliche Auftritt. Das Gebet sollte ununterbrochen sein, nicht wie die Predigt nur zeitweilig.

Gebet kann eben nicht gelehrt werden – es kann nur verrichtet werden. Das Beste, was jede Schule, jedes Buch oder auch jeder Artikel tun können, ist, das Gebet zu empfehlen und dazu aufzurufen. Das Gebet selbst muss das Werk jedes Einzelnen sein. Dass es leider die religiöse Übung ist, die mit der geringsten Begeisterung ausgeführt wird, ist eine der Tragödien unserer Zeit.

I

Ehrlichkeit im Gebet

■ **Der gottesfürchtige** David M'Intyre behandelt in seinem vorzüglichen kleinen Buch »Das verborgene Gebetsleben« offen, wenn auch kurz, ein lebensnotwendiges Element echten Gebets, das in unserem gekünstelten Zeitalter wohl übersehen wird.

Sein Thema heißt in einem Wort: Offenheit.

»Offenheit steht uns wohl an«, sagt M'Intyre, »wenn wir in seiner Gegenwart knien.«

»Wenn wir mit Gott sprechen«, fährt er fort, »suchen wir oft nach Worten, die uns würdig genug erscheinen, aber manchmal sprechen unsere Gefühle eine ganz andere Sprache. Darum ist es am besten, wenn wir vor ihm vollkommen offen und ehrlich sind. Er wird uns erlauben zu sagen, was wir nur wollen, solange es an ihn gerichtet ist. ›Ich werde zu Gott, meinem Felsen, sagen: Warum hast du mich vergessen?‹, ruft der Psalmist aus. Wenn er gesagt hätte: ›Herr, du kannst nicht vergessen. Du hast meinen Namen in deine Hände eingegraben‹, hätte er zwar würdiger gesprochen, doch nicht so offen und konkret.

Bei einer Gelegenheit missverstand Jeremia Gott. Er schrie wie im Zorn auf: ›Herr, du hast mich überredet, und ich habe mich überreden lassen.‹ Das sind eigenartige Worte vor ihm, der die unabänderliche Wahrheit ist. Doch der Prophet sagte das, was er fühlte, und der Herr vergab ihm nicht nur, sondern er begegnete ihm auch und segnete ihn.«

So weit das Zitat des Buches von M'Intyre. Ein anderer geistlicher Schriftsteller mit ungewöhnlicher Durchschlagskraft hat Offenheit im Gebet empfohlen, die bis zur Dreistigkeit und Grobheit geht. Wenn du ins Gebet gehst, so sagt er, und merkst, dass du keinen Geschmack daran findest, dann sage es Gott, ohne ein Blatt vor den Mund zu nehmen. Wenn Gott und geistliche Dinge dich langweilen, dann gib es offen zu. Dieser Rat wird einige übervorsichtige und zimperliche Gläubige schockieren, doch ist dies wirklich ein gesunder Ratschlag. Gott liebt die Seele ohne Falsch, selbst wenn sie sich in ihrer Unwissenheit im unbesonnenen Gebet schuldig macht. Der Herr kann ihrer Unwissenheit sehr bald abhelfen, doch für Unaufrichtigkeit gibt es keine Heilung. Das gekünstelte Wesen, das dem zivilisierten Menschen anhaftet, lässt sich nur schwer abschütteln. Es durchströmt unser Blut und bestimmt unsere Gedanken, unsere Einstellung und unsere Beziehungen in viel größerem Maße, als wir es uns vorstellen können. In den letzten Jahren ist ein Buch über zwischenmenschliche Beziehungen erschienen, dessen grundlegende Philosophie die Täuschung, und dessen empfohlene Methode der Gebrauch geschickt angewandter Schmeichelei ist, um das gewünschte Resultat zu erreichen. Das Buch ist unglaublich weit verbreitet worden, und seine Auflage geht in die Millionen. Natürlich kann man seine Popularität damit erklären, dass es genau das aussagt, was die Menschen letztlich hören wollen.

Der Wunsch, einen guten Eindruck zu machen, ist einer der stärksten Faktoren geworden, die menschliches Verhalten bestimmen. Jenes nette, gute (und schriftgemäße) gesellschaftliche Wundermittel, genannt Höflichkeit, ist in unserer Zeit zur falschen Scheinetikette geworden, die den wahren Menschen unter einer schimmernden Oberfläche verbirgt, so dünn wie die Ölschicht auf einem stillen Teich. Der einzige Augenblick, in dem einige Menschen ihr wahres Gesicht zeigen, ist, wenn sie zornig werden.

Auf Grund dieser abartigen Höflichkeit, die fast alles bestimmt, was wir in der menschlichen Gesellschaft sagen und tun, ist es nicht verwunderlich, dass es uns schwer fällt, in unserem Verhältnis zu Gott vollkommen offen zu sein. Das überträgt sich wie eine Art geistiger Reflex und ist vorhanden, ohne dass wir uns dessen bewusst werden. Trotzdem ist es Gott äußerst verhasst. Christus verabscheute und verurteilte diese Einstellung gnadenlos, wenn er sie unter den Pharisäern fand. Das ungekünstelte und ungezierte kleine Kind ist für uns alle immer noch das göttliche Beispiel. Das Gebet wird an Kraft und Realität in dem Maße zunehmen, in dem wir alle Täuschung zurückweisen und lernen, bis ins Kleinste Gott und den Menschen gegenüber ehrlich zu sein.

Aus einem großen Mann Gottes der Vergangenheit brach mit einem Mal ein solcher Glanz und Sieg hervor, dass seine Freunde sich nur wundern konnten. Jemand fragte ihn, was denn geschehen sei. Er erwiderte, dass sein neues, kraftvolles Leben an dem Tag begonnen hatte, als er in die Gegenwart Gottes mit dem heiligen Schwur trat, nie wieder etwas im Gebet zu Gott zu sagen, was er nicht auch wirklich ernst meinte. Seine Umwandlung begann mit jenem Gelübde und setzte sich fort, solange er es hielt.

Daraus können wir lernen – wenn wir nur wollen.

Die Ära eines abwesenden Gottes

■ **»Viele haben** großes Wissen, doch wenig Tugend«, sagte der blinde Heilige Malaval, »und andere reden viel von Gott, obwohl sie selten mit ihm reden.«

Diese Worte wurden vor langer Zeit geschrieben. Ob sie sich auf die Christen zur Zeit Malavals bezogen, kann ich leider nicht sagen. Dafür haben wir nur sein Wort. Doch ich kann bezeugen, dass sie heutzutage auf eine große Anzahl von Christen zutreffen.

Die Bibel spricht klar und deutlich von der göttlichen Allgegenwart, doch für eine große Zahl bekennender Christen ist dies die Ära des abwesenden Gottes. Die meisten Christen sprechen von Gott in einer Art, in der man sonst von einem abwesenden lieben Menschen redet, selten wie von jemand, der gegenwärtig ist. Doch das größte Problem ist, dass sie nicht mit ihm reden.

Da nicht alle Irrtümer den gleichen Schaden anrichten, nehme ich an, dass es besser ist, Gott für ein Wesen zu halten, das in irgendeinem entfernten Winkel des Universums existiert, als überhaupt nicht an ihn zu denken oder offen zu leugnen, dass es ein göttliches Wesen überhaupt gibt. Doch die Wahrheit ist immer besser als der Irrtum, und mit der inspirierten Schrift vor uns brauchen wir über eine solche wichtige Sache nicht im Unklaren zu bleiben. Wir können die Wahrheit erkennen, wenn wir uns nur dafür interessieren.

Ein abwesender Gott ist, unter anderem, unzulänglich. Er kümmert sich nicht um die Bedürfnisse des Wesens Mensch. So wie ein Baby nicht zufrieden ist, wenn es von seiner Mutter entfernt wird, und wie das Leben auf der Erde ohne die Sonne unmöglich ist, so brauchen menschliche Wesen einen gegenwärtigen Gott, und sie werden weder gesund noch befriedigt sein ohne ihn. Sicherlich hätte Gott uns nicht erschaffen, wenn wir auch ohne seine Gegenwart zufrieden sein könnten oder umgekehrt, wenn es einen Weg gäbe, wie wir seine Abwesenheit ertragen könnten. Nein, die Heilige Schrift und die Vernunft stimmen darin überein, dass Gott gegenwärtig ist.

Adam und Eva verbargen sich zwischen den Bäumen des Gartens vor der Gegenwart Gottes. Ihre Furcht und ihr Ärger überdeckten für einen Moment ihr bewusstes Bedürfnis nach Gott. Sünde fühlt sich in der göttlichen Gegenwart niemals wohl. Jona floh vor der Gegenwart Gottes nach Tarsis, fest entschlossen, dem Gebot Gottes den Gehorsam zu verweigern. Petrus, der sich plötzlich seiner persönlichen Schuld bewusst wurde, versuchte nicht vor der Gegenwart des Herrn zu fliehen, sondern bat den Herrn inständig, ihn doch zu verlassen. Die Menschen brauchen Gott mehr als alles andere, und doch ist ihnen in seiner Gegenwart unwohl. Dies ist die widersprüchliche moralische Lage, in die uns die Sünde gebracht hat.

Ein überzeugter Atheist denkt konsequenter als ein Christ, der einen abwesenden Gott anzubeten versucht. Der Atheist kann alle moralischen und religiösen Grundsätze ohne Probleme ignorieren, weil er glaubt, dass es keinen Gott gibt, der ihn zur Rechenschaft zieht. Sein Geisteszustand ähnelt dem eines Einbrechers, der sich in dem Glauben wähnt, es gäbe keine Polizisten, keine Gerichtssäle und keine Gefängnisse. Für eine Weile mögen beide ihren Seelenfrieden haben – bis die Wahrheit sie doch einholt.

Die Vorstellung, dass es einen Gott gibt, der aber gehörigen Abstand hält, ist in den Glaubensgrundsätzen keiner christlichen Kirche oder Gemeinschaft zu finden. Jeder, der es wagte, ein solches Glaubensbekenntnis anzuerkennen, würde sofort als Ketzer abgestempelt und von ehrwürdigen religiösen Leuten gemieden werden. Doch unser Handeln und besonders unsere spontanen Äußerungen offenbaren unseren wahren Glauben besser, als es irgendein überliefertes Glaubensbekenntnis tun könnte. Würden wir danach urteilen, dann kann meiner Ansicht nach kaum geleugnet werden, dass der durchschnittliche Christ sich vorstellt, Gott würde sich in sicherer Entfernung befinden und dem Treiben der Welt interessiert zuschauen.

Ein Vorteil, der sich aus der Annahme herleiten lässt, Gott sei abwesend, ist die Vorstellung, er sei zufrieden mit dem, was wir zu tun versuchen, solange es nicht gerade böse ist. Es scheint keine andere Möglichkeit zu geben, den ungeheuerlichen religiösen Unsinn zu erklären, der heutzutage im Namen des Herrn verzapft wird. Ehrgeizige Personen, die von dem Wunsch beseelt sind, das Himmelreich zu fördern, hecken schwachsinnige religiöse Wahnideen aus, die jenseits jeder Glaubwürdigkeit liegen und von ernsthaften Menschen niemals akzeptiert werden würden, wenn ihre Verfechter nicht überall, in jeder Großstadt, Kleinstadt und in jedem Dorf damit hausieren gingen.

Da Protestanten keinen Papst haben, der sie im Zaum hält, und da Gott zu weit weg ist, um befragt zu werden, ist die einzige Grenze unseres modernen religiösen Wahnwitzes die Aufnahmebereitschaft der »religiösen Konsumenten«. Augenblicklich gibt es Anzeichen dafür, dass sie sehr viel verkraften können und auch noch dafür bezahlen. Dass die Heilige Schrift die göttliche Methode darlegt, wie die Welt zu evangelisieren ist, scheint den geschäftigen Planern, die ein abwesender Gott zu Aufsehern über seine Angelegenheiten bestimmt hat, nicht aufzugehen.

Am äußersten Ende des Spektrums befinden sich die konventionellen Kirchen. Ich glaube, es ist diese tief sitzende Vorstellung, dass Gott abwesend ist, die so viele unserer Gottesdienste so unerträglich langweilig macht. Wenn wirklich gläubige Menschen sich um einen gegenwärtigen Christus versammeln, ist es so gut wie unmöglich, eine armselige Veranstaltung zu erleben. Die eintönigste Predigt kann fröhlich ertragen werden, wenn der süße Duft der Gegenwart Christi den Raum erfüllt. Doch nichts kann eine Versammlung retten, die im Namen eines abwesenden Gottes gehalten wird.

I

Pragmatismus und Christentum

Es kam nicht von ungefähr, dass die Philosophie des Pragmatismus sich um die Jahrhundertwende in den Vereinigten Staaten solch großer Beliebtheit erfreute. Das amerikanische Temperament war wie geschaffen dafür und ist es noch immer.

Der Pragmatismus hat mehrere Gesichter und kann für verschiedene Leute Unterschiedliches bedeuten, doch im Grunde genommen ist er die Lehre von der Nutzbarmachung der Wahrheit. Für den Pragmatiker gibt es keine absoluten Werte, nichts ist absolut gut oder absolut wahr. Wahrheit und Sittlichkeit segeln auf einem Meer menschlicher Erfahrungen dahin. Wenn ein erschöpfter Schwimmer sich an einem Glauben oder einer Ethik festklammern kann – gut und schön. Er mag davon über Wasser gehalten werden, bis er an Land kommt. Dann behindert es ihn nur, und er wirft es hinter sich. Er fühlt sich nicht verantwortlich dafür, die Wahrheit um ihrer selbst willen zu schätzen. Sie ist dazu da, ihm zu dienen. Er selbst hat keine Verpflichtung ihr gegenüber.

Die Wahrheit ist da, um genutzt zu werden. Was immer nutzbar ist, ist für den Nutznießer wahr. Für einen anderen mag das nicht nutzbar sein und ist somit auch nicht wahr. Die Wahrheit jeder Idee liegt in ihrer Fähigkeit, wünschenswerte Ergebnisse hervorzubringen. Wenn sie solche Ergebnisse nicht vorweisen kann, ist sie falsch. Das ist Pragmatismus im wahrsten Sinne des Wortes.

Da praktisches Denken ein ausgesprochener Charakterzug des amerikanischen Volkes ist, neigt es natürlich stark zu dieser Philosophie der Nützlichkeit. Was mit einem Maximum an Effizienz und einem Minimum an ungewünschten Nebenwirkungen Erfolg verspricht, muss einfach gut sein. Der Beweis dafür ist der Erfolg, und niemand möchte Erfolg in Frage stellen.

Es ist sinnlos, auf die menschliche Seele einzureden und darauf zu bestehen, dass es weniger wichtig ist, was ein Mensch kann, als das, was er ist. Wenn es gilt, Kriege zu gewinnen, Wälder zu roden, Flüsse zu zähmen, Fabriken zu bauen, Planeten zu erforschen, dann werden die stilleren Ansprüche menschlichen Geistes wahrscheinlich unbeachtet bleiben. Das spektakuläre Drama erfolgreicher Taten nimmt dem Betrachter den Atem: Taten, die man sehen kann! Fabriken, Städte, Autobahnen und Raketen stehen da in vollem Licht, und sie entstanden durch die praktische Anwendung zweckmäßiger Mittel. Wer fragt also nach Idealen, Charakter und Ethik? Diese Dinge sind für Poeten, alte Damen und Philosophen. Auf, an die Arbeit!

Natürlich ist all dies einige Dutzend Male gesagt worden und wohl besser gesagt worden. Ich würde hier keinen Platz dafür vergeuden, wenn diese Philosophie des Pragmatismus in den letzten Jahren nicht auch auf das Christentum einen starken Einfluss ausgeübt hätte. Und was den Glauben an Christus berührt, wird sofort von Interesse für mich, und ich hoffe, für meine Leser ebenso.

Der neurotische Zwang, etwas zu schaffen und fertig zu bringen, ist überall bei uns Christen zu finden. Wir werden beeinflusst von einer Art religiösem Tick, einem tief sitzenden, inneren Drang, etwas zu vollbringen, das man sehen, fotografieren und in Bezug auf Größe, Anzahl, Schnelligkeit und Entfernung bewerten kann. Wir legen eine beträchtliche Anzahl von Kilometern zurück, sprechen zu unglaublich großen Menschenmassen, veröffentlichen eine erstaunliche Menge religiöser Literatur, sammeln ungeheure Summen Geld, bauen eine Vielzahl Gemeindehäuser und häufen einen überwältigenden Schuldenberg an, den unsere Kinder abzahlen müssen. Führende Christen wetteifern miteinander um beeindruckende Statistiken. Dabei holen sie sich oft Magengeschwüre, haben Nervenzusammenbrüche oder sterben an Herzversagen, obwohl sie noch relativ jung sind.

Genau hier kommt die pragmatische Philosophie zum Zuge. Sie stellt keine peinlichen Fragen über die Weisheit dessen, was wir tun, sogar noch nicht einmal über die Sittlichkeit unseres Tuns. Sic akzeptiert unsere vorgesteckten Ziele als richtig und gut und bemüht sich, wirksame Mittel und Wege zu finden, um sie zu erreichen. Wenn sie etwas entdeckt, was hilfreich ist, findet sie bald die rechten Worte, um es zu rechtfertigen, »weiht« es dem Herrn und marschiert voran. Kurze Zeit später wird in einem Magazin ein Artikel darüber geschrieben, dann ein Buch verlegt, und zuletzt wird dem Erfinder ein Ehrendoktortitel verliehen. Danach wird jede Frage, ob das überhaupt schriftgemäß ist oder moralischen Wert hat, einfach abgetan. Man kann Erfolg nicht in Frage stellen. Die Methode wirkt – also muss sie gut sein.

Die Schwäche dieser Theorie ist ihre tragische

Kurzsichtigkeit. Sie betrachtet religiöse Aktivität nie auf lange Sicht (sie wagt es nicht einmal), sondern fährt fröhlich fort, zu glauben, dass alles gut und richtig sei, weil es wirksam ist. Sie wird geheiligt vom augenblicklichen Erfolg und verwirft jeden Vorwurf, dass am Tage Christi vielleicht alles in Rauch und Flammen aufgeht.

Als einer, der mit dem zeitgenössischen christlichen Trend ziemlich gut vertraut ist, sage ich hier ohne Zögern, dass ein Teil, sogar ein sehr großer Teil der Aktivität, die heute in evangelikalen Kreisen vor sich geht, nicht nur vom Pragmatismus beeinflusst, sondern von ihm fast vollständig kontrolliert wird. Alle religiöse Methodik hängt allein von ihm ab. Er erscheint in Großformat in unseren Jugendveranstaltungen; Magazine und Bücher verherrlichen ihn ständig. Ganze Tagungen werden von ihm beherrscht. Ja, die ganze religiöse Atmosphäre ist von ihm durchdrungen!

Was sollen wir tun, um seine Macht über uns zu brechen? Die Antwort ist einfach. Wir müssen Jesus Christus das Recht zugestehen, die Aktivität seiner Gemeinde zu bestimmen. Das Neue Testament enthält ausführliche Anweisungen, nicht nur über das, was wir glauben sollen, sondern darüber, was wir tun müssen und sogar, wie wir es zu tun haben. Jegliche Abweichung von diesen Anweisungen ist eine Leugnung der Herrschaft Christi.

Ich sagte, die Antwort sei einfach, und doch ist sie nicht so einfach, denn sie verlangt, dass wir Gott mehr gehorchen als den Menschen, und das erregt immer den Unwillen der religiösen Mehrheit. Was zu tun ist, steht hier nicht in Frage. Das können wir leicht der Schrift entnehmen. Die Frage ist jedoch, ob wir den Mut aufbringen, die Konsequenzen daraus zu ziehen.

1

Der Ruf in den Dienst

■ **Jemand hat** einmal gesagt, dass der Geistliche nicht ein Nachkomme des griechischen Rhetorikers, sondern des hebräischen Propheten sei.

Die Unterschiede zwischen dem Rhetoriker und dem Propheten sind mannigfaltig und grundsätzlich. Der hauptsächlichste ist, dass der Rhetoriker für sich spricht, der Prophet aber die Worte Gottes weitergibt. Der Rhetoriker ist als Urheber seiner Botschaft für ihren Inhalt selbst verantwortlich. Der Prophet dagegen bringt nichts Eigenes hervor, sondern vermittelt nur die Botschaft, die er von Gott, der allein für ihren Inhalt verantwortlich ist, erhalten hat. Der Prophet ist Gott gegenüber nur für die Überbringung verantwortlich, er muss die Botschaft klar hören und treu weitergeben, und das ist in der Tat eine große, ernste Verantwortung. Es ist eine Verantwortung, die er Gott gegenüber hat und nicht den Menschen.

Es ist für einen Prediger ein zweifelhaftes Kompliment, wenn gesagt wird, er sei originell. Gerade die Bemühung, originell zu sein, wird für viele junge Männer, die gerade vom Bibelseminar kommen, zum Fallstrick. Sie empfinden die alten, erprobten Wege langweilig und einschläfernd, verwerfen den reinen Weizen des Wortes Gottes und versuchen, die Gemeinden von der Spreu ihres eigenen Machwerks zu ernähren – goldene Spreu vielleicht, doch immer noch Spreu, die die Seelen nicht sättigen kann.

Ich hörte von einem eben aus dem Seminar entlassenen jungen Mann, der fest entschlossen war, den Rat seines alten Professors zu befolgen und nur das Wort zu predigen. Eines Tages wurde die kleine Stadt, in der seine Gemeinde war, von einem Wirbelsturm heimgesucht, und er gab der Versuchung nach, über das Thema zu sprechen: »Warum Gott den Wirbelsturm nach Centerville schickte.« Der Versammlungssaal war überfüllt. Das verwirrte den jungen Prediger, und er ging zu seinem Professor zurück, um ihm von den Geschehnissen zu berichten und sich weiteren Rat zu holen. Sollte er fortfahren, das Wort Gottes zu kleineren Zuhörergruppen zu predigen oder versuchen, seine Kirche zu füllen, indem er Predigten hielt, die sensationsbezogen waren? Der alte Mann änderte seinen Sinn nicht. »Wenn du das Wort predigst«, sagte er, »wirst du immer einen Text haben. Doch wenn du auf Wirbelstürme wartest, wird dir der Text bald ausgehen.«

Der wahre Prediger ist ein Mann Gottes, der zu Menschen spricht. Er ist ein Mann des Himmels, der Gottes Zeugnis auf Erden weitergibt. Weil er ein Mann Gottes ist, kann er von Gott sprechen. Er kann die Botschaft, die er vom Himmel empfängt, dechiffrieren und in der Sprache der Menschen verkündigen.

Das Echo, das die Welt auf die Botschaft vom Himmel gibt, hängt von dem moralischen Zustand der Empfänger ab. Der wahre Botschafter Gottes muss nicht – im menschlichen Sinn – erfolgreich sein. Die Botschaft, die in Vollmacht überbracht wurde, hat den

Botschafter manchmal zerstört, wie die erschlagenen Propheten Israels in alttestamentlicher Zeit beweisen. Hier denken wir auch an Stephanus, den ersten christlichen Märtyrer.

Der wahre Geistliche ist nicht »auf eigenen Wunsch« berufen, sondern durch die souveräne Bevollmächtigung Gottes. Bei einem Studium der Heiligen Schrift kann man zu dem Schluss kommen, dass der Mann, den Gott beruft, selten oder nie ohne beträchtliches Widerstreben folgt. Der junge Mann, der allzu eifrig auf die Kanzel eilt, scheint auf den ersten Blick ungewöhnlich geistlich zu sein. In Wirklichkeit aber offenbart er nur seinen Mangel an Verständnis für die Heiligkeit seines Dienstes.

Die alte Regel: »Predige nicht, wenn du es vermeiden kannst«, ist, recht verstanden, immer noch wertvoll. Der Ruf Gottes kommt mit einer Eindringlichkeit, die man nicht vertuschen und der man nicht widerstehen kann. Mose kämpfte heftig gegen seine Berufung und musste unter dem inneren Zwang des Geistes die Waffen strecken. Das Gleiche kann von vielen anderen Männern der Bibel und späteren Vätern in Christo gesagt werden. Christliche Biografien zeigen, dass viele, die später große christliche Persönlichkeiten wurden, immer zuerst mit allen Mitteln versuchten, der Last des geistlichen Dienstes zu entgehen. Ich kann mich im Augenblick nicht daran erinnern, dass sich auch nur ein einziger Prophet um seinen Job beworben hätte. Der wahre Geistliche ergibt sich einfach diesem inneren Druck und ruft aus: »Wehe mir, wenn ich nicht das Evangelium predige!«

Obwohl es nur einen Weg gibt, ein wahrer Prediger zu werden, gibt es unglücklicherweise viele Türen, die auf die Kanzel führen. Eine davon ist die Summe der Eigenschaften, die einen Menschen zur »Rednerpersönlichkeit« machen. Mancher hoch gewachsene Absalom, dessen mitreißendes Temperament und sonore Stimme ihn als geborene Führungspersönlichkeit auszugeben scheinen, versucht für Gott zu sprechen, obwohl er gar nicht von Gott gesandt ist. Seine Berufung kommt von Menschen anstatt vom Geist, und das Ergebnis kann nur unheilvoll sein.

Andere wiederum sind aus einer echten, aber nicht von Gott inspirierten Liebe zur Menschheit Geistliche geworden. Sie haben ein starkes Verantwortungsbewusstsein für soziales Engagement, dem sie sich am Besten widmen können, wenn sie in den Gemeindedienst eintreten. Von allen falschen Motiven, Prediger zu werden, scheint dies noch das Lobenswerteste zu sein. Aber es ist kein geistlich untermauerter Grund, denn er übergeht das souveräne Recht des Heiligen Geistes, zu berufen, welchen er will.

Ganz sicherlich muss die Gemeinde der Welt den Dienst des Erbarmens erzeigen, doch ihre Motive sind nicht humanistischer Art. Sie sind weit höher, so viel höher, wie die neue Kreatur höher ist als die alte. Der Nachfolger Christi wird durch den ihm innewohnenden Geist ermahnt werden, dem leiblichen Wohl der Menschen ebenso zu dienen wie ihren Seelen. Doch die Berufung, Gottes prophetische Botschaft der Welt zu bringen, ist etwas ganz anderes.

Die Berufung, Zeugnis abzulegen und zu dienen, ergeht an jeden Christen, aber die Berufung, der Menschheit eine Stimme zu sein, ergeht nur an den Mann, der die Gabe des Geistes und eine besondere Befähigung dazu hat. Wir brauchen nicht weniger

Männer, die Barmherzigkeit ausleben, sondern wir brauchen mehr Männer, die die Worte Gottes hören und sie in die Sprache des Menschen umsetzen können.

I

Gefahren, denen der Prediger ausgesetzt ist

■ **Einige Berufe** sind naturgemäß mit unvermeidbaren Gefahren verbunden, wie zum Beispiel der des Bergarbeiters, des Tiefseetauchers oder des Dachdeckers. Jeder weiß, dass die Männer, die diesen Beschäftigungen nachgehen, wenigstens bis zu einem gewissen Grad ständig der Gefahr ausgesetzt sind.

Im Gegensatz dazu scheint die Arbeit eines Geistlichen überhaupt keine Gefahr in sich zu bergen. Für physische Gefahren steht der Beruf des Geistlichen fast ganz hintenan, und jede Versicherungsgesellschaft wird die Pastoren in die unterste Risikoklasse einstufen.

Und doch ist das geistliche Amt einer der gefährlichsten Berufe. Der Teufel hasst den geisterfüllten Pastor mit einer Intensität, die er nur noch für Christus persönlich empfindet. Der Ursprung dieses Hasses ist leicht festzustellen. Ein wirksamer, Jesus-ähnlicher Pastor ist für den Teufel ein ständiges Hindernis, eine Bedrohung seines Herrschaftsbereiches, eine Widerlegung seiner besten Argumente und eine hartnäckige Erinnerung an seine kommende Niederlage – kein Wunder also, dass er ihn hasst.

Satan weiß, dass der Sturz eines Propheten Gottes für ihn ein strategischer Sieg ist. So ruht er weder Tag noch Nacht, um verborgene Fallen und Schlingen für den Geistlichen auszulegen. Vielleicht wäre ein Giftpfeil, der sein Opfer nur lähmt, ein weit besserer Vergleich, denn ich glaube nicht, dass Satan viel daran gelegen ist, den Geistlichen wirklich zu Tode zu bringen. Ein untauglicher, halb lebendiger Prediger ist für die Hölle ja ein weit besseres Aushängeschild als ein guter, aber toter Mann. So sind die Gefahren, denen der Pastor ausgesetzt ist, wohl eher geistlicher als leiblicher Art, obgleich der Feind manchmal auch durch leibliche Schwächen wirkt, um an die Seele des Predigers zu gelangen.

Da ist zunächst einmal die Gefahr, dass der Geistliche beginnt, sich zu einer privilegierten Klasse zugehörig zu fühlen. Unsere so genannte christliche Gesellschaft neigt dazu, diese Gefahr auch noch zu verstärken, indem sie den Geistlichen besondere Vorrechte und Privilegien einräumt. Gemeindevorstände und Kirchenparlamente tun einen schlechten Dienst, wenn sie auf einige Männer Gottes eine Anzahl wohl klingender Ehrentitel häufen, die je nachdem komisch oder einschüchternd wirken.

Da er weiß, wessen Namen er eigentlich trägt, steht dem Geistlichen das vielleicht unbewusste Zugehörigkeitsgefühl zu einer privilegierten Klasse schlecht an. Christus kam, um zu geben, zu dienen, zu opfern und zu sterben, und er sagte zu seinen Jüngern: »Wie mich der Vater gesandt hat, so sende ich euch.« Der Prediger ist Diener des Herrn und der Menschheit. Er steht in großer moralischer Gefahr, wenn er dies vergisst.

Eine andere Gefahr ist die, dass der Geistliche die Arbeit des Herrn mechanisch und gewohnheitsmäßig verrichtet. Allzu große Vertrautheit wird selbst am Altar des Herrn zu Geringschätzung führen. Wie schrecklich, wenn der Prediger sich an seine Arbeit gewöhnt, wenn er das Empfinden für das große Wunder Gottes verliert, wenn ihm das Ungewöhnliche zur Selbstverständlichkeit wird, wenn er in der Gegenwart des Höchsten seine heilige Scheu verliert, wenn ihm, um es ganz offen zu sagen, Gott und die himmlischen Dinge ein wenig langweilig werden.

Wenn jemand daran Zweifel hegt, dass dies geschehen könnte, dann sollte er das Alte Testament lesen und sehen, wie die Priester Jehovas manchmal den Sinn für die Wichtigkeit der Sache Gottes verloren und abtrünnig wurden, selbst bei der Ausübung ihrer heiligen Pflicht. Und die Kirchengeschichte zeigt, dass diese Tendenz zur Oberflächlichkeit und Gewöhnung mit der alttestamentlichen Ordnung nicht ausstarb. Weltlich gesinnte Priester und Pastoren, die die Türen des Hauses Gottes nur der Gehaltsabrechnung zuliebe offen halten, sind immer noch unter uns. Satan wird darauf achten, dass sie sich nicht ändern, denn sie schaden der Sache Gottes mehr, als es eine ganze Armee Atheisten tun könnte.

Dann besteht auch die Gefahr, dass der Prediger sich geistig von dem einfachen Volk distanziert. Das ergibt sich aus dem Wesen des institutionellen Christentums. Der Geistliche begegnet fast ausschließlich religiösen Leuten. Diese nehmen sich sehr in Acht, wenn sie mit ihm zusammen sind. Sie schweben in höheren Regionen, um wenigstens für den Augenblick so zu sein, wie er sie nach ihrer Ansicht haben möchte.

Das schafft eine unwirkliche Atmosphäre, in der niemand so sein kann, wie er ist. Der Prediger hat jedoch so lange in ihr gelebt, dass sie ihm wirklich erscheint und er nicht einmal den Unterschied bemerkt.

Ein Leben in dieser gekünstelten Atmosphäre hat verheerende Folgen. Es gibt keine zufälligen Gespräche mehr, nur noch »Konferenzen«. Es gibt auch keine einfachen Leute mehr, die unser Herr so sehr liebte, sondern nur noch »Fälle« und Menschen mit »Problemen«. Die schlichte, unkomplizierte Offenheit, die alle Beziehungen zwischen Christen und ihren Mitmenschen charakterisieren sollte, ist verloren gegangen, und die Gemeinde wird zu einer religiösen Klinik.

Der Heilige Geist kann in einer solchen Atmosphäre nicht wirken, und dieser Zustand ist untragbar, denn ohne ihn wird die ganze Arbeit des Geistlichen zu Holz, Heu und Stoppeln.

Es besteht weiterhin die Gefahr, dass der Geistliche Mitgefühl verliert und seine Haltung anderen gegenüber abstrakt und akademisch wird, sodass er die Menschheit liebt, ohne die Menschen zu lieben. Christus lebte uns das genaue Gegenteil davon vor. Er liebte kleine Kinder, Zöllner, Huren und Kranke, und er liebte sie spontan und individuell. Wenn jemand den Anspruch erhebt, ein Nachfolger Christi zu sein, kann er sich kein anderes Verhalten leisten.

Ein weiteres Risiko, mit dem der Geistliche konfrontiert wird, ist die vielleicht unbewusste Hinwendung zu religiösen und philosophischen Ideen, anstatt die Gläubigen und die Sünder zu lieben. Es ist nämlich durchaus möglich, für die Welt mit den verlorenen Menschen eine ähnlich abstrakte Zuneigung zu empfinden, wie der Naturalist Fabre sie zum Beispiel für einen Bienenstock oder einen Ameisenhügel empfand. Man kann von ihnen lernen, ihnen vielleicht sogar helfen, aber sie sind es nicht wert, dass man um sie weint oder ihnen das Leben opfert.

Wo diese Einstellung vorherrscht, führt sie sehr bald zu einem schulmeisterlichen, hochtrabenden Predigtstil. Der Geistliche setzt voraus, dass seine Zuhörer mit Geschichte, Philosophie und Theologie ebenso vertraut sind wie er. Er schwelgt in gelehrten Andeutungen, verweist gelegentlich auf Bücher und Schriftsteller, die der Mehrzahl seiner Zuhörer völlig unbekannt sind, und missversteht die Verständnislosigkeit auf den Gesichtern seiner Gemeindemitglieder, indem er sie als Bewunderung seines Scharfsinns deutet.

Warum gläubige Menschen sich auch weiterhin mit diesem Unsinn zufrieden geben, sogar noch dafür bezahlen und ihn unterstützen, ist mir unverständlich. Ich kann das nur der langen Liste der Dinge zufügen, die ich nicht verstehe und wohl auch nie verstehen werde.

Eine weitere Falle, in die der Prediger hineingeraten kann ist, ein Leben nach dem Grundsatz zu führen: »Take it easy!« (Nimm es leicht!). Ich weiß, wie heikel gerade dieses Thema ist, und obwohl mir die Erwähnung desselben keine Freunde gewinnen wird, so hoffe ich doch, dass es die Leser in der biblischen Richtung beeinflusst. Es ist leicht für einen Geistlichen, zu einem privilegierten Müßiggänger zu werden, zu einem sozialen Parasiten mit offener Hand und erwartungsvollem Blick. Er hat keinen sichtbaren Vorgesetzten und braucht oft keine reguläre Arbeitszeit einzuhalten. So kann er sich ein bequemes Leben machen und nach Herzenslust trödeln, bummeln, spielen, dösen und herumgammeln. Viele Geistliche nutzen diesen Freiraum auch rücksichtslos aus.

Um dieser Gefahr zu entgehen, sollte der Geistliche ein Leben harter Arbeit führen, ähnlich wie ein Bauer, ein ernsthafter Student oder ein Wissenschaftler. Kein Geistlicher hat das Recht, ein leichteres Leben zu führen als die Arbeiter, die ihn unterstützen. Vielleicht sollte aber doch gesagt werden, dass es einige Männer Gottes gelernt haben, im Geist zu wirken (um somit dem Müßiggang und dem Erschöpfungstod zu entgehen) und dabei sehr alt geworden sind. Solche Männer waren in alten Zeiten Mose und Samuel und in jüngerer Zeit John Wesley, Bischof Asbury, A. B. Simpson und Pastor Philpott. Sie wirkten mächtige Taten, ohne ihre Gesundheit zu ruinieren, doch nicht jedermann ist es gelungen, ihr Geheimnis zu entdecken. Charles Finney sagte, dass ein Mann Gottes seinen Tod beschleunigen könne, wenn er die Last einer weltlich gesinnten Gemeinde trüge. Er sprach den Prediger dabei frei und gab die Schuld der Gemeinde. Ob wir nun seine Meinung teilen oder nicht, er ist ohne Frage ein Mann, dessen Ansichten man nicht auf die leichte Schulter nehmen sollte.

Die Brauchbarkeit eines Geistlichen kann auch stark von zwei grundverschiedenen Sünden beeinträchtigt werden – zu große Anpassungsfähigkeit zum einen oder zu große Starrheit zum anderen. Dazwischen gibt es einen goldenen Mittelweg, und selig ist der Mann, der ihn findet.

Sich den Wünschen einer ungeistlichen Gemeinde in Sachen Moral oder Lehrmeinung zu beugen, ist von großem Übel. Die Predigt auf das Drängen eines fleischlichen Diakons hin zu ändern, ist eine große Sünde. Doch die Weigerung, in unbedeutenden Dingen Kompromisse zu schließen, offenbart einen Geist, der in völligem Missverhältnis zu dem steht, was Jakobus im dritten Kapitel seiner Epistel beschreibt: »Die Weisheit aber von oben her ist aufs erste keusch, danach friedsam, gelinde, lässt sich sagen, voll Barmherzigkeit und guter Früchte, unparteiisch, ohne Heuchelei.«

Thomas à Kempis sagte zu dem Problem großer Starrheit und Unnachgiebigkeit Folgendes: »Wahr ist es, dass jedermann das gern tut, was ihm besonders liegt und dass er sich zu denen besonders hingezogen fühlt, die seines Geistes Kinder sind ..., doch wenn Gott unter uns weilt, dann müssen wir um des Friedens willen manchmal aufhören, an unserer eigenen Meinung festzuhalten. Wer ist so weise, dass er alles wissen kann? Verlass dich deshalb nicht zu sehr auf deine Meinung; sei dagegen willig, die Meinung anderer anzuhören.«

Noch zwei Gefahren, denen der Mann Gottes ausgesetzt ist, sollten hier erwähnt werden. Auch diese sind gegensätzlich. Eine ist, durch Erfolgserlebnisse überheblich zu werden, die andere, durch Misserfolge ungebührlich niedergeschlagen zu sein.

Beide Gefahren mögen dem Leser unbedeutend vorkommen, doch im Lichte der im Gemeindedienst gesammelten Erfahrungen sind sie es nicht. Sie können sogar recht kritisch werden, und man sollte sich sorgfältig vor ihnen in Acht nehmen. Die Jünger wandten sich mit überschäumender Begeisterung an Jesus Christus und sagten:

»Herr, es sind uns auch die Teufel untertan in deinem Namen.« Da erinnerte er sie schnell an ein anderes Wesen, dem der Erfolg zu Kopf gestiegen war: »Ich sah wohl den Satanas vom Himmel fallen wie einen Blitz.« Und weiter: »Doch darin freuet euch nicht, dass euch die Geister untertan sind. Freuet euch aber, dass eure Namen im Himmel geschrieben sind.«

Die zweite dieser beiden Gefahren bedarf kaum einer Erwähnung. Jeder Prediger des Evangeliums weiß, wie schwer es ist, geistlich »stabil« zu bleiben, wenn die Arbeit keine Früchte zeigt. In jedem Fall aber wird vom ihm verlangt, sich in Gott zu freuen, ob er nun ein schlechtes Jahr hat oder große Erfolge verzeichnen kann.

Es ist nicht meine Absicht, zu beschuldigen oder herabzusetzen, sondern auf die Gefahren hinzuweisen. Wir sind alle die Zielscheibe des boshaften Hasses des Teufels, und wir sind nur dann sicher, wenn wir willig sind, uns zu demütigen und Hilfe voneinander anzunehmen. Vielleicht wird uns gerade von jemandem geholfen, der genauso schwach ist wie wir und daher die Probleme kennt, mit denen wir tagtäglich zu kämpfen haben.

Gutheit und Größe

■ **Wenn die** letzten Nebel sich erhoben haben und alle Dinge im rechten Licht erscheinen, wird meiner Meinung nach offenbar werden, dass Gutheit und Größe synonym sind. Ich kann mir einfach nicht vorstellen, dass es in der zukünftigen Welt nicht so sein wird.

In der Zwischenzeit jedoch sind die beiden Qualitäten nicht gleich, sondern können getrennt voneinander auftreten oder sich sogar gegenseitig behindern.

Ausgehend von unseren bruchstückhaften Maßstäben kann die Menschheit in vier unterschiedliche Gruppen eingeteilt werden: diejenigen, die groß, aber nicht gut sind; diejenigen, die gut, aber nicht groß sind; diejenigen, die beides, groß und gut sind, und diejenigen, die weder groß noch gut sind. In der Bibel kann man sie klar unterscheiden.

Unter denjenigen, die *groß und gut* waren, ist Abraham, der Hebräer. Unter Gutheit verstehe ich ein moralisch einwandfreies Verhalten unter Berücksichtigung der individuellen Lebensumstände. Abraham war nach christlichen Maßstäben nicht vollkommen, aber sein Charakter überragte dennoch die seiner Zeitgenossen, ähnlich wie ein Berggipfel über Hügel hinausragt.

Für die Größe Abrahams muss hier kein Beweis erbracht werden. Er war ein großer Mann, ein Riese auf einem äußerst wichtigen Gebiet, nämlich dem Gebiet des Glaubens. Als Vater der Gläubigen und Gründer Israels hat er sich schon vor langer Zeit einen Namen gemacht.

Aus der Weltgeschichte könnten viele Menschen aufgezählt werden, die *groß, aber nicht gut* waren. Drei Männer aus jüngster Zeit kommen mir in den Sinn: Napoleon, Hitler und Stalin. Wie unwillig wir es auch zugeben mögen, sie waren große Männer und müssen als solche akzeptiert werden. Männer, die ein Kaiserreich gründen, den Lauf der Weltgeschichte radikal ändern und unter ihrer eisernen Knute fast ein Drittel der gesamten Menschheit beherrschen können, muss man groß nennen, ohne dabei allerdings etwas über ihre Charaktereigenschaften gesagt zu haben. Wahrscheinlich wird es ohnehin niemand bestreiten: diese Männer waren wohl groß, aber nicht gut.

Dann gibt es die Menschen, die *gut, doch nicht groß* sind, und wir können Gott danken, dass es so viele von ihnen gibt. Wir sind nicht dafür dankbar, dass sie keine Größe erreicht haben, sondern dass sie durch die Gnade Gottes tugendsam und gut geworden sind.

Diese Menschen bewegen sich still und unscheinbar über die Seiten der Bibel, doch wo sie wandeln, scheint die Sonne, und Eintracht ist da. Solch ein Mann war Isaak, der Sohn eines großen Vaters und der Vater eines großen Sohnes. Er selbst wuchs jedoch nie über die Mittelmäßigkeit hinaus. Solche Männer waren auch Boas, der Vorfahre König Davids, Joseph, der Ehemann Marias, und Barnabas, der Sohn des Trostes.

Jeder Pastor kennt diese Art von Persönlichkeiten – die einfachen Menschen, die nichts Hervorstechendes haben außer der tiefen Hingabe zu ihrem Herrn und der Frucht des Geistes, die sie alle unbewusst hervorbringen. Ohne diese könnte die herkömmliche Gemeinde weder in Stadt noch Land bestehen. Sie sind die ersten, die sich anbieten, wenn eine Arbeit getan werden muss, und die letzten, die nach Hause gehen, wenn noch gebetet werden soll.

Über die Grenzen ihrer eigenen Gemeinde hinaus sind sie nicht bekannt, weil an Treue nichts Dramatisches ist und an Gutheit nichts Sensationelles, doch ist ihre Gegenwart ein Segen, wo immer sie hingehen. Sie haben keine Größe, die die bewundernden Blicke fleischlich gesinnter Menschen auf sich ziehen, und sie geben sich damit zufrieden, gute Menschen zu sein, voll des Heiligen Geistes, die im Glauben und Vertrauen auf den Tag warten, an dem ihr wahrer Wert erkannt werden wird. Wenn sie sterben, hinterlassen sie noch lange, nachdem gefeierte Persönlichkeiten ihrer Tage in Vergessenheit geraten sind, einen Hauch von Christus.

Die vierte Gruppe besteht aus Personen, die *weder groß noch gut* sind, und dieser Gruppe ist die Mehrzahl der Menschen zuzurechnen.

Ein biblisches Beispiel für diesen Menschentyp ist Ahab, der König Israels. Gewiss, er hatte die äußerlichen Merkmale der Größe, schließlich war er ja König. Aber gerade der Kontrast zwischen dem, was er sein sollte und dem, was er wirklich war, unterstrich den schäbigen, verabscheuungswürdigen Charakter dieses Mannes. Unter seinen königlichen Gewändern schlug das Herz eines Schwächlings. Dieser wimmernde, verdrießliche Kerl war das willige Werkzeug einer starken und bösartigen Frau, die ihn verdarb und sein

Volk ruinierte. Nicht eine einzige Tugend kann man an ihm loben. Er war weder gut noch groß.

Aber es gibt noch Millionen anderer Menschen, die weder gut noch groß sind. Thomas Gray beschreibt in seiner hervorragenden »Elegie« diejenigen, die von der Welt übergangen worden sind:

Weit weg von dem gemeinen Gerangel des Pöbels
ließen sie ihre mäßigen Wünsche schweifen.
In dem kühlen, entlegenen Tal des Lebens
gingen sie geräuschlos ihres Weges.

So schön dieser Gedanke auch formuliert ist, stellt er doch nur dar, was wir sein möchten, anstatt die Dinge so zu sehen, wie sie sind. Es erweckt schöne Gefühle in uns, von einer edlen Menschheit zu träumen, die im Verborgenen wertvoll wie unentdeckte Edelsteine ist und so duftend wie ungepflückte Blumen. Doch die harten Tatsachen sehen ganz anders aus.

Die meisten Menschen sind nicht groß, und man kann sie auch nicht als gut bezeichnen. Tatsächlich muss man sie fast ausnahmslos als selbstsüchtig, lüstern, egoistisch, voreingenommen, eingebildet und ängstlich bezeichnen. Wenn dies wie ein hartes Urteil über meine Mitmenschen klingt, dann möchte ich sagen, dass ich für mich selbst diesbezüglich keine Inspiration in Anspruch nehme, sondern meine Leser auf einen inspirierten Apostel verweisen möchte. Lesen Sie die Worte des Paulus in Römer 3, 9–19 und Epheser 2, 1–3.

Zum Schluss sei gesagt, dass nicht alle Menschen groß sein können, aber alle Menschen dazu berufen sind, durch das Blut des Lammes und die Kraft des Heiligen Geistes gut zu werden.

I

Das Gebet eines Propheten

■ **Dies ist** das Gebet eines Mannes, der dazu berufen wurde, den Völkern ein Zeuge zu sein. Die folgenden Worte betete er am Tage seiner Ordination zu seinem Herrn. Nachdem ihn die Ältesten und Geistlichen unter Handauflegung gesegnet hatten, zog er sich zurück, um seinem Heiland in der Stille zu begegnen, in einer Stille, in die ihn selbst seine wohlwollenden Brüder nicht begleiten konnten.

Dort betete er: Oh Herr, ich habe deine Stimme gehört und hatte Angst. Du hast mich zu einer erschreckend großen Aufgabe in einer ernsten und gefährlichen Stunde berufen. Du wirst bald alle Völker, die Erde und den Himmel erschüttern, damit die Dinge, die nicht erschüttert werden können, offenbart werden. Oh Herr, mein Herr, du hast dich herabgelassen, mich mit dem Auftrag zu beehren, dein Diener zu sein. Kein Mensch nimmt diese Ehre sich selbst, ausgenommen derjenige, der wie Aaron von Gott dazu berufen wurde. Du hast mich als dein Bote zu den Menschen geschickt, die hartherzig sind und nicht hören wollen. Sie haben dich, den Meister, verworfen, und es ist nicht anzunehmen, dass sie mich, den Diener, empfangen werden.

Mein Gott, ich werde keine Zeit damit vergeuden,

meine Schwäche oder Unfähigkeit zu beklagen. Die Verantwortung liegt nicht bei mir, sondern bei dir. Du hast gesagt: »Ich kannte dich, ich sonderte dich aus, und ich heiligte dich.« Du hast auch gesagt: »Du sollst gehen, wohin ich dich sende, und predigen, was ich dir auftrage!« Wer bin ich, dass ich dir widersprechen oder deine souveräne Wahl in Frage stellen könnte? Es ist deine Entscheidung, nicht meine. So sei es, Herr: Dein Wille, nicht meiner, geschehe!

Ich weiß sehr wohl, du Gott der Propheten und Apostel, dass du mich solange bestätigen wirst, wie ich dich ehre. Hilf mir darum, den heiligen Schwur zu leisten, dich in meinem ganzen zukünftigen Leben und in meiner Arbeit zu ehren, ob mit Gewinn oder Verlust, im Leben oder im Tod, und diesen Schwur dann nicht zu brechen, solange ich lebe.

Es ist Zeit, Gott, dass du wirkst, denn der Feind hat deine Weiden betreten, und die Herde ist zerrissen und verstreut. Falsche Hirten stiften Verwirrung, weil sie die Risiken leugnen und über die Todesgefahren lachen, die deine Herde umgeben. Die Schafe sind von diesen Mietlingen betrogen worden und folgen ihnen mit rührender Treue, während sich der Wolf heranschleicht, um zu töten und zu zerstören. Ich flehe dich an, gib mir einen scharfen Blick, die Gegenwart des Feindes wahrzunehmen. Gib mir wachsame Augen und den Mut zu berichten, was ich gesehen habe. Mache meine Stimme der deinen so ähnlich, dass selbst die kranken Schafe sie erkennen und dir folgen.

Herr Jesus, ich bitte dich um geistliche Ausrüstung. Lege deine Hand auf mich und salbe mich mit dem Öl des neutestamentlichen Propheten. Bewahre mich davor, dass ich ein religiöser Schriftgelehrter werde und so meine prophetische Berufung verliere. Rette mich von dem Fluch, der dunkel über dem Angesicht vieler moderner Geistlicher liegt, dem Fluch des Kompromisses, der Nachahmung, der Professionalität. Bewahre mich vor dem Irrtum, eine Gemeinde von ihrer Mitgliederzahl, ihrer Beliebtheit oder ihres Jahreseinkommens her beurteilen zu wollen. Hilf mir, daran zu denken, dass ich ein Prophet bin – nicht ein Förderer, nicht ein religiöser Manager, sondern ein Prophet. Lass mich nie ein Sklave der Massen werden. Heile meine Seele von fleischlichen Ambitionen, befreie mich von dem unheilvollen Verlangen nach Publizität. Bewahre mich vor einer allzu großen Abhängigkeit von materiellen Dingen. Lass mich meine Tage nicht damit vergeuden, in meiner Wohnung herumzusitzen. Lege deine heilige Scheu auf mich, Gott, und treibe mich ins Gebetskämmerlein, wo ich mit Fürsten und Gewalten, den Mächten der Finsternis und dieser Erde kämpfen muss. Befreie mich von dem Wunsch, übermäßig essen und spät aufstehen zu wollen. Lehre mich Selbstzucht, damit ich ein guter Streiter Jesu Christi werde.

Ich nehme harte Arbeit und unangemessen niedrigen Lohn in diesem Leben in Kauf. Ich bitte nicht um eine leichte Aufgabe. Ich werde versuchen, die kleinen Dinge, die das Leben leichter machen, nicht zu beachten. Wenn andere den ebenen Pfad wählen, werde ich versuchen, den holprigen einzuschlagen, ohne die anderen hart zu verurteilen. Ich werde Widerstand erwarten und ihn still hinnehmen, wenn er kommt. Sollte ich einmal, wie es deinen Dienern wohl öfter passiert, von deinen freundlichen Kindern dazu gedrungen werden, Gaben anzunehmen, dann hilf mir und errette mich von den daraus entstehenden schädlichen Einflüssen. Lehre mich die materiellen Gaben in solcher Weise zu gebrauchen, dass meine Seele keinen Schaden erleidet und meine geistliche Kraft nicht gemindert wird. Und wenn in deiner gütigen Vorsehung mir von der Gemeinde eine Ehre zuteil werden soll, dann lass mich nicht vergessen, dass ich selbst der kleinsten Gnade unwürdig bin und dass die Menschen ihre Ehrerbietung sicher zurückhielten, wenn sie mich genauso gut kennen würden, wie ich mich kenne.

Und nun, Herr des Himmels und der Erde, weihe ich dir meine verbleibenden Tage, seien es viele oder wenige, so wie du es willst. Lass mich vor den Großen stehen oder auch den Armen und Niedrigen dienen. Diese Wahl steht mir nicht zu, und ich würde sie nicht beeinflussen, selbst wenn ich es könnte. Ich bin dein Diener, um deinen Willen zu tun, und dieser Wille ist mir wichtiger als Positionen oder Reichtum oder Ruhm, und ich erwähle ihn vor allen anderen Dingen auf der Erde oder im Himmel.

Obwohl ich von dir erwählt bin und beehrt werde mit einer hohen und heiligen Berufung, lass mich nie vergessen, dass ich nur ein Mensch aus Staub und Asche bin, ein Mensch mit allen natürlichen Fehlern und Leidenschaften, von denen die ganze menschliche Rasse geplagt wird. Ich bitte dich, mein Herr und Erlöser, errette mich von mir selbst und von allen Verletzungen, die ich mir selbst zufügen kann, während ich versuche, den anderen zum Segen zu sein. Erfülle mich durch den Heiligen Geist mit deiner Kraft, so werde ich in deiner Kraft hingehen und allein von deiner Gerechtigkeit zeugen. Ich werde die Botschaft der erlösenden Liebe verbreiten, solange meine Kraft dazu reicht.

Dann, lieber Herr, wenn ich alt und matt und zu müde bin, um noch weiterzumachen, dann halte für mich oben eine Stätte bereit, und lass mich in der ewigen Herrlichkeit zu deinen Heiligen gerechnet werden. Amen.

Ohne den Heiligen Geist geht es nicht

■ **Die fortwährende** Vernachlässigung des Heiligen Geistes durch evangelikale Christen ist zu offensichtlich, als dass man sie leugnen oder rechtfertigen könnte.

Evangelikales Christentum ist dreieinig: »Gelobt sei Vater, Sohn und Heiliger Geist« wird in fast jeder Gemeinde jeden Sonntag im Kirchenjahr gesungen. Ob der Sänger es weiß oder nicht, er erkennt damit an, dass der Heilige Geist tatsächlich Gott ist und denselben Anbetungsanspruch erhebt wie der Vater und der Sohn. Nachdem man diese Worte meistens zu Beginn des Gottesdienstes gesungen hat, wird wenig oder gar nichts mehr über den Heiligen Geist gesagt – bis hin zum Schlusssegen. Warum? Auf diese Frage gibt es keine einfache Antwort.

Die frühere Kirche hat es nicht sehr viel besser gemacht als wir. Das Apostolische Glaubensbekenntnis tut den Heiligen Geist mit den Worten ab: »Ich glaube an den Heiligen Geist.« Verschiedene andere alte Glaubensbekenntnisse erwähnen den Heiligen Geist ebenfalls nur in einem Satz. Das Nizäische Glaubensbekenntnis geht noch einen Schritt weiter, hier heißt es nämlich: »Und in dem Heiligen Geist, dem Herrn und Lebensspender, der vom Vater kommt, der mit Vater und Sohn gemeinsam angebetet und verherrlicht wird, der durch die Propheten sprach.«

Das Athanasianische Glaubensbekenntnis, das am ausführlichsten und ausdrücklichsten ist, schreibt dem Geist volle Gottheit zu. Doch während die Wahrheit über den Vater und den Sohn mit beträchtlicher Länge erklärt wird, wird vom Heiligen Geist nur Folgendes gesagt: »Der Heilige Geist ist vom Vater und vom Sohn. Er ist nicht gemacht, nicht geschaffen, nicht geworden, sondern entwickelt sich fortwährend.« Das »Te Deum Laudamus«, das berühmteste und schönste aller alten christlichen Hymnen, preist zum großen Teil den Vater und den Sohn. Doch vom Heiligen Geist heißt es nur: »Auch der Heilige Geist, der Tröster.«

Ist es nicht seltsam, dass im Neuen Testament vom Heiligen Geist so viel gesagt wird, aber so wenig in christlichen Schriften, die sich angeblich auf das Neue Testament stützen? Einer der Kirchenväter des dritten Jahrhunderts widmete in einer Abhandlung über die Dreieinigkeit dem Heiligen Geist nur sechs Seiten in einem Buch mit mehr als 140 Seiten. Obwohl er darin die Gottheit des Heiligen Geistes verteidigt, sagt er doch zwanzigmal mehr über den Vater und den Sohn aus als über den Geist.

Ich meine, es sollte erwähnt werden, dass im Neuen Testament mehr über den Sohn als über den Geist gesagt wird, doch ist hier das Missverhältnis nicht so groß wie in den Schriften, die ich oben angeführt habe. Ganz gewiss kann die völlige Vernachlässigung des Geistes im zeitgenössischen Christentum von der Heiligen Schrift her nicht gerechtfertigt werden. Der Geist erscheint im zweiten Vers des ersten Buches der Bibel ebenso wie im letzten Kapitel des letzten Buches und dazwischen noch viele hundert Male.

Es kommt jedoch nicht so sehr darauf an, wie häufig der Geist in der Bibel oder in anderen Schriften erwähnt wird, sondern wie wichtig er genommen wird. Es kann keinen Zweifel darüber geben, dass ein gewaltiger Unterschied zwischen dem Geist in der Schrift und seiner Stellung im heutigen evangelikalen Christentum besteht. In der Schrift ist der Heilige Geist notwendig, dort wirkt er mächtig und schöpferisch. Bei uns aber ist er nicht mehr als eine Sehnsucht, oder, im besten Fall, ein edler Einfluss. Dort bewegt er sich in Majestät mit allen Attributen der Gottheit. Wir dagegen akzeptieren ihn nur als eine Stimmung, als ein zartes Gefühl guten Willens.

Die Heilige Schrift sagt uns, dass Gott alles in der Schöpfung und in der Erlösung durch seinen Geist tat. Der Geist schwebte in dem Augenblick über der Erde, als Gott sie ins Dasein rief. Seine Anwesenheit war also absolut notwendig. Das Leben spendende Wirken des Geistes ist in der ganzen Bibel unübersehbar. Aus diesem Grunde, weil er der Herr und Lebensspender ist, konnte das ganze Geheimnis der Inkarnation überhaupt geschehen. »Der Heilige Geist wird über dich kommen, und die Kraft des Höchsten wird dich überschatten. Darum wird auch das Heilige, das von dir geboren wird, Gottes Sohn genannt werden.«

Es ist doch sehr bedeutungsvoll, dass unser Herr, obwohl er selbst Gott und von Gott gekommen war, nicht zu wirken begann, bis er vom Heiligen Geist gesalbt wurde (Apg 10, 38). Der Sohn tat sein Werk der

Liebe als ein vom Geist gesalbter Mann. Seine Vollmacht wurde ihm von dem Geist der Vollmacht verliehen.

Es stimmt, dass man der Apostelgeschichte einen treffenderen Titel geben könnte: Geschichte des Heiligen Geistes. Die Männer, deren Taten hier beschrieben werden, hätten nicht eine einzige bevollmächtigte Tat vollbringen können, wenn sie nicht mit dem Geist erfüllt gewesen wären. Tatsächlich verbot der Herr ihnen sogar ausdrücklich, irgendetwas in ihrer eigenen Kraft zu tun. »Ihr aber sollt in der Stadt Jerusalem bleiben, bis dass ihr angetan werdet mit Kraft aus der Höhe«, sagte er zu ihnen.

Die einzige Kraft, die Gott in seiner Gemeinde anerkennt, ist die Kraft des Heiligen Geistes, aber die einzige Kraft, die heutzutage von der Mehrheit der Evangelikalen anerkannt wird, ist die Kraft des Menschen. Gott tut sein Werk durch die Wirkung des Geistes, aber viele christliche Führer verlassen sich immer noch auf die Möglichkeiten ihres Intellekts. Eine starke persönliche Ausstrahlungskraft nimmt vielfach den Platz göttlicher Bestimmung ein.

Alles, was die Menschen aus eigener Kraft und aus eigenem Können tun, ist zeitliches Stückwerk ohne Ewigkeitswert. Nur was durch den ewigen Geist getan wird, wird auch ewig bleiben. Alles andere ist Holz, Heu und Stoppeln.

Es stimmt mich traurig, wenn ich mir vorstelle, dass die Ernte einiger führender christlicher Persönlichkeiten nur aus Heu und Stoppeln bestehen könnte.

I

Glaube: Fassade oder Quelle?

■ **Wenn wir** die christliche Religion als Glaube an Christus, Hingabe an Gott und Liebesdienste an unseren Mitmenschen verstehen, dann lässt sich leicht ersehen, dass sie eine klare Quelle sprudelnden Wassers ins ewige Leben ist. Und das sollte sie auch sein.

Betrachten wir dagegen die Religion als äußeres Zeichen innerer Gnade (und bis zu einem gewissen Grad muss sie das auch sein), dann merken wir, wie schnell sie zur Fassade wird, hinter der es keine Realität gibt, ähnlich wie ein Schaufenster, das alles, was der Laden zu bieten hat, zur Schau stellt, doch die Regale im Verkaufsraum sind vollständig leer. Der Passant kann sich nicht vorstellen, wie leer der Verkaufsraum wirklich ist, bis er eintritt und sich drinnen umschaut. Dann merkt er, dass die Schaufensterauslagen nur als Fassade dienten, um die Armseligkeit des Geschäfts zu verbergen.

Wenn diese Bemerkungen peinlich realistisch klingen, dann denken Sie daran, dass auch die Not im Alten Testament nur das Missverhältnis zwischen dem äußeren und inneren Leben des Volkes Israels widerspiegelte. Vieles von dem, was Christus predigte, richtete sich gegen die Juden, die innerlich nicht das waren, was sie nach außen hin zu sein behaupteten. Auch

Paulus warnte vor denen, die einen Schein der Gottseligkeit haben, ohne jedoch das göttliche Wesen zu besitzen. Die Kirchengeschichte liefert viele Beweise dafür, dass die Versuchung, einen Schein von Religion zu wahren, sehr stark und real ist. Das Beste ist wohl, wenn wir diesem Thema nicht ängstlich aus dem Wege gehen, sondern es mutig anpacken.

Die Versuchung, Religion nur zum Schein zu betreiben, ist unter den Menschen am stärksten, die von Berufs wegen im christlichen Dienst stehen, wie zum Beispiel Pastoren, Evangelisten, Lehrer, Sonntagsschulmitarbeiter und diejenigen, die schriftstellerisch tätig sind, d. h. die schreiben, herausgeben, veröffentlichen und Religion im Allgemeinen fördern. Der christliche Mitarbeiter muss immer bereit sein, öffentlich zu beten oder »ein Grußwort« zu sagen. Er muss für alle Gelegenheiten ein geistliches Wort parat haben und innerhalb kürzester Frist, sogar ohne vorherige Warnung, jedermann einen weisen, geistlichen Rat erteilen können. Die Notwendigkeit, zu allen Zeiten etwas Geistliches sagen zu müssen, zwingt ihn dazu, eine Begeisterung an den Tag zu legen, die er vielleicht gar nicht empfindet, und für andere Probleme zu lösen, die für ihn selbst noch ungelöst sind. Der Beruf zwingt ihn also, geistlich zu sein, ob er es nun ist oder nicht. Die Folge davon ist, dass der Mann Gottes sich bemüht, ständig fromm zu erscheinen, so wie es die Öffentlichkeit von ihm erwartet. Das gekünstelte Lächeln und die hohle Stimme des professionellen Klerikers sind so gut bekannt, dass ich darüber nicht mehr viel zu sagen brauche.

Diese »Frömmigkeits-Show« unter dem Zwang von Situationen, die der Geistliche sich meistens nicht selbst ausgesucht hat, kann zur Fassade werden, hinter der er sich verbirgt – eine beklagenswerte, insgeheim entmutigte und sehr einsame Seele. Doch dies alles ist keine Heuchelei, kein beabsichtigtes Doppelleben, kein bewusster Wunsch »zu tun als ob«! Der Mensch wird von den Umständen bestimmt, in denen er lebt. Er ist zum Hüter der Weinberge anderer Leute geworden, doch sein eigener Weinberg wird vernachlässigt. So viele Anforderungen werden an ihn gestellt, dass sie längst seine Kraft erschöpft haben. Er ist gezwungen worden, anderen zu dienen, obwohl er selbst einen Arzt bitter nötig hätte.

Wenn dieser Zustand auch weiter verbreitet ist, als wir uns eingestehen möchten, sollten wir ihn doch nicht als unumgänglich hinnehmen. Es gibt einen besseren, wahren und glücklicheren Weg, und es ist nicht schwer, ihn zu finden. Wir brauchen dem Problem nur in Offenheit zu begegnen, dann kann uns bald geholfen werden.

Wenn wir der Gefahr entgehen wollen, dass Glaube zur Fassade wird, dann müssen wir ihn zur Quelle machen. Achten wir darauf, dass wir mehr beten als predigen, und der Predigtstoff wird uns nie ausgehen. Verbringen wir mit Gott mehr Zeit im stillen Kämmerlein als mit Menschen in der Öffentlichkeit, so wird die Quelle unserer Weisheit nie versiegen. Halten wir unsere Herzen für den hereinfließenden Geist offen, so wird uns das Verausgaben nicht erschöpfen. Kultivieren wir unsere Bekanntschaft mit Gott mehr als unsere Freundschaften mit Menschen, so werden wir den Hungrigen immer reichlich Brot zu geben haben.

Unsere erste Verantwortung haben wir nicht der

Öffentlichkeit gegenüber, sondern Gott und unserer eigenen Seele. Mose kam vom Berggipfel, um mit den Menschen zu reden. Christus befahl seinen Jüngern zu warten, bevor sie hingingen. Nicolas Grou weigerte sich, auch nur eine Zeile niederzuschreiben, bis sein Herz sich in glühender Anbetung befand. Georg Müller stieg nicht auf die Kanzel, bevor seine Seele nicht ins Gebet getaucht war und er die Gegenwart göttlicher Gnade fühlte.

Diese Männer weisen uns den Weg. Durch Demut, Einfachheit und ständige innige Gemeinschaft mit Gott halten wir die Quelle in unseren Herzen offen.

I

Wir brauchen geheiligte Denker

I.

■ **Die Gemeinde** Christi lechzt heutzutage nach Menschen, die zur Lösung geistlicher Probleme ihren durchläuterten, engagierten Verstand gebrauchen.

Unglücklicherweise hat der Fundamentalismus niemals einen großen Denker hervorgebracht. Wenn man das Werk der religiösen Presse seit der Jahrhundertwende überprüft, wird man nicht ein einziges Buch von einem Fundamentalisten finden, das den Beweis unabhängigen Denkens erbringt. Und was jene christlichen Gelehrten anbetrifft, die, obwohl orthodox, keinen besonderen Wert darauf legen, mit den Fundamentalisten in einen Topf geworfen zu werden, so haben sie es nicht viel besser gemacht.

Ich bin immer ein Evangelikaler gewesen und bin auch jetzt einer. Ich akzeptiere die Bibel als das wahre Wort Gottes und glaube felsenfest, dass sie alles zum Leben und zur Gottseligkeit Notwendige enthält. Ich stehe auf den Grundsätzen des historischen christlichen Glaubens und bin mir keiner geistlichen Sympathie mit dem Liberalismus in irgendeiner Form bewusst. Doch ist es meine bittere Pflicht, festzustellen, dass ich nicht nur völlig kalt gelassen wurde von der intellektuellen Arbeitsleistung der Evangelikalen, sondern dass ich auch noch Beweise dafür gefunden habe, dass echtes religiöses Denken fast ausschließlich auf der Seite derjenigen geschieht, die sich aus dem einen oder anderen Grunde gegen den Fundamentalismus auflehnen. Wir, in den Evangeliumsgemeinden, haben still dabeigesessen und denen auf der anderen Seite das Denken überlassen. Wir haben uns damit zufrieden gegeben, die Worte anderer Männer nachzuplappern und religiöse Klischees ad nauseam zu repetieren.

Obwohl meine geistlichen Sympathien ganz auf der Seite des orthodoxen christlichen Glaubens stehen, muss ich dennoch bemerken, dass der Evangelikalismus, wie er im letzten halben Jahrhundert verfochten und gelehrt worden ist, die Tendenz hat, kritisch-geistige Fähigkeiten zu paralysieren und konkretes Denken zu verhindern. Moderne Evangeliumschristen sind Papageien, keine Adler, und anstatt auf und ab zu segeln, um die grenzenlose Weite des Himmelreichs Gottes zu erforschen, sind sie damit zufrieden, auf ihren vertrauten Ästen zu sitzen und mit Fistelstimmen religiöse Worte und Phrasen nachzuplappern, deren Bedeutung sie kaum verstehen. In ein oder zwei Generationen wird das, was jetzt noch Evangelikalismus ist, zu Liberalismus geworden sein. Kein lebendiges Wesen kann lange von seiner Erinnerung existieren.

Die Christen dieser Generation müssen selbst hören und sehen, wenn sie der religiösen Stumpfsinnigkeit entfliehen wollen. Abgenutzte Schlagworte können sie nicht retten. Wichtige Gedanken werden in Worten ausgedrückt, doch ist es eine der Tragödien im Leben, dass Worte selbst dann noch widerhallen, wenn ihre Bedeutung schon lange verblasst ist. Das führt zu dem Ergebnis, dass gedankenlose Männer und Frauen glauben, die Realität gepachtet zu haben, nur weil sie sich der Worte noch bedienen. Genau an diesem Punkt befinden wir uns heute.

II.

Der kreative religiöse Denker ist kein Tagträumer, auch kein abgekapselter Intellektueller, der seine hochtrabenden Überlegungen weit weg von der rauen Wirklichkeit des Alltags anstellt. Viel eher ist er ein bekümmerter und beladener Mann, niedergedrückt von existenziellen Problemen und nicht mit akademischen oder theoretischen Belangen befasst, sondern mit praktischen und persönlichen.

Die großen religiösen Denker der Vergangenheit waren selten Männer des Müßiggangs. Meistens waren es Männer mit Tatendrang, die den Problemen der Welt nahe standen und sogar teil daran hatten. Auch der geheiligte Denker unserer Zeit wird kein Poet sein, der an einem stillen, abgeschiedenen Ort einen Sonnenuntergang betrachtet, sondern eher ein Reisender, der sich in einer Wüste verirrt hat und den richtigen Weg finden muss. Das Primäre in seinem Denken ist nicht, dass andere ihm später auf diesem Weg folgen werden. In der Zukunft wird er sich mit diesem Gedanken abgeben müssen, doch im Augenblick ist er ganz damit beschäftigt, sich selbst einen Weg zu bahnen.

Um wirklich vernünftig denken zu können, muss ein Mensch mit gewissen unentbehrlichen Fähigkeiten ausgerüstet sein. Er muss zunächst vollkommen ehrlich und bis ins Letzte aufrichtig sein. Der Tändler wird von vornherein ausgeschaltet. Er wird gewogen und als zu leicht befunden, um mit den Gedanken Gottes betraut zu werden. Wenn auch nur ein geringer Anflug von Leichtfertigkeit aufkommt, verschwindet die Kraft zum kreativen Denken augenblicklich. Mit Leichtfertigkeit meine ich allerdings weder Witz noch Humor. Ich meine vielmehr Unaufrichtigkeit, Heuchelei und das Fehlen moralischer Ernsthaftigkeit. Große Gedanken fordern eine bejahende, liebende Einstellung zum Leben, zur Menschheit und zu Gott.

Eine andere Fähigkeit ist Mut. Der schüchterne Mensch wagt nicht zu denken, damit er nicht sich selbst entdecke. Es wäre ein Erlebnis, das so schockierend auf ihn wirken könnte wie die Feststellung, dass er Krebs hat. Der ehrliche Denker geht mit der restlosen Hingabe eines Saulus von Tarsus an seine Aufgabe heran und ruft aus: »Herr, was willst du, das ich tun soll?« Denken birgt einen moralischen Imperativ in sich. Der nach Wahrheit Forschende muss bereit sein, der Wahrheit ohne Einschränkung zu gehorchen, andernfalls wird sie sich ihm entziehen. Weigert er sich, dem Licht zu folgen, so verdammt er sich selbst zur Dunkelheit. Der Feigling mag listig oder schlau sein, doch kann er niemals ein weiser Denker sein, denn Weisheit ist im Grunde genommen etwas Moralisches und hat mit Feigheit nichts im Sinn.

Noch einmal: Der effektive religiöse Denker muss ein bestimmtes Maß an Wissen haben. Ein chinesisches Sprichwort sagt: »Lernen ohne nachzudenken ist ein Fallstrick; nachzudenken ohne zu lernen ist eine Gefahr.« Ich bin Christen mit scharfem Verstand, aber begrenztem Blickwinkel begegnet, die eine Wahrheit erkannt hatten, doch da sie nicht fähig waren, diese mit anderen Wahrheiten in Relation zu bringen, wurden sie zu engstirnigen Extremisten, die inbrünstig ihre kleine Idee in dem naiven Glauben verfolgten, dass ihr kleiner Zaun die ganze Welt umschließt.

Ein Wissen oder wenigstens eine Ahnung von dem, was Kant »den Sternenhimmel über mir und das moralische Gesetz in mir« genannt hat, ist für richtiges Denken unentbehrlich. Kommt dazu noch eine gründliche Kenntnis der Heiligen Schrift, ein gutes historisches Einfühlungsvermögen und ein Vertrautsein mit den momentanen Vorgängen in der christlichen Welt, so hat man das Rohmaterial für kreatives Denken. Aber leider ist dies noch nicht alles, was ein Denker braucht.

Der Mensch ist ein Anbeter, und nur in der Anbetung findet er Befreiung von all den Mächten seines erstaunlichen Intellekts. Ein religiöser Denker hat uns vor dem Verhängnis gewarnt, »der Eichhörnchenarbeit eines fleißigen Hirns mehr zu vertrauen als dem durchdringenden Blick eines suchenden Herzens«. Der griechische Kirchenvater Nikephoros lehrte, dass wir lernen sollten, mit unserem Herzen zu denken. »Zwinge deinen Verstand in dein Herz hinein«, sagte er, »und dort soll er bleiben ... Wenn du dann den Ort des Herzens betrittst, gib Gott Dank und preise seine Gnade, und plötzlich werden dir Dinge beigebracht werden, die du auf keine andere Weise lernen kannst.«

Es ist ein Vorurteil, dass der christliche Glaube voller Widersprüche und Paradoxa sein soll. Ein solches Paradox ist die Notwendigkeit, dem Ich vollkommen abzusagen und sich ganz auf Gott zu verlassen, während wir zur gleichen Zeit völliges Vertrauen zu unseren eigenen, von Gott gegebenen Fähigkeiten haben sollen, nämlich zu empfangen, zu wissen und zu verstehen. Diese Art von Demut, die einen Menschen dahin bringt, seiner eigenen Mentalität bis hin zu moralischer Schüchternheit und chronischer Entschlusslosigkeit zu misstrauen, ist nur eine schwache Parodie auf das Eigentliche. Es wirft ein schlechtes Bild auf die Weisheit und Güte Gottes, wenn wir seine Schöpfung in Frage stellen. »Spricht auch der Ton zu seinem Töpfer: Was machst du?«

Eine religiöse Mentalität, die von Ängstlichkeit und Mangel an moralischer Courage charakterisiert wird, hat uns heutzutage ein schäbiges Christentum beschert, armselig auf intellektuellem Gebiet, langweilig repetierend und für viele Menschen ganz einfach lästig. Dieses wird als der wahre Glaube unserer Väter propagiert, als der Glaube, der in direkter Linie von Christus und den Aposteln kommt. Wir trichtern diesen abgeschmackten Brei unserer fragenden Jugend ein, und um ihn schmackhaft zu machen, würzen wir ihn mit fleischlichen Vergnügungen, die wir der ungläubigen Welt stibitzt haben. Es ist leichter, zu unterhalten als zu unterweisen. Es ist leichter, einem degenerierten allgemeinen Geschmack zu folgen, als selbst nachzudenken, und so lassen zu viele unserer führenden Evangelikalen ihren Verstand eintrocknen und verkümmern, während sie ihre Finger mit religiösen Tricks gelenkig halten, um die Neugierigen anzulocken.

Ich unternehme das Wagnis, eine Prophezeiung zu riskieren. Die Schafe werden den verwelkten Klee, den wir ihnen geben, bald satt haben, ebenso wie die künstliche Farbe, die wir darüber spritzen, damit er frisch aussieht.

Das Christentum muss die ganze Persönlichkeit umfassen und jedes Atom des erlösten Wesens bestimmen. Wir können unseren Intellekt vom lodernden Altar nicht fern halten und dennoch hoffen, den wahren Glauben Christi zu bewahren.

Die Wespe und das Gemeindemitglied

■ **Als ich** eines Tages in den Hügeln eines Südstaates spazieren ging, bemerkte ich ein Stück Briefpapier, das am Wegesrand lag.

Meine Neugier war geweckt, und ich fragte mich, wer es in dieser einsamen Gegend wohl verloren haben konnte. Ich hob es auf und las die in klarer Handschrift geschriebenen Worte: »In der ganzen Welt gibt es nur zwei Kreaturen, die bei ihrer Geburt größer sind als erwachsen: die erste ist die Wespe, die zweite das Gemeindemitglied.«

Ob es nun ein Predigtzitat aus einer Kirche irgendwo zwischen den Hügeln war oder ob es von einem wohlmeinenden Philosophen, der mich kommen sah, zu meiner Erbauung dort hingelegt wurde, werde ich wohl nie erfahren. Doch dieser Satz ist so interessant, dass er mich lange Zeit beschäftigte.

Da ich kein Bienenspezialist bin, kann ich die Behauptung nicht mit Gewissheit bestätigen, dass eine neu geborene Wespe größer ist als eine erwachsene. Aber die Erwähnung des Gemeindemitglieds finde ich leider nur allzu wahr, um sie als amüsant oder unterhaltsam abtun zu können.

Da ich die Bewohner des bergigen Landes gut kenne und mit ihrem religiösen Wortschatz ziemlich vertraut bin, ist mir klar, dass der Verfasser des Epigramms die Bezeichnung »Gemeindemitglied« als Synonym mit »Christ« ansah. Er wollte damit wohl sagen, dass seine Erfahrung ihn gelehrt hatte, dass der Durchschnittschrist an »Größe« verliert und weniger christlich wird, je länger er bekehrt ist.

Warum werden so viele enthusiastische Neubekehrte kraftlos und lassen sich zu einem Leben langweiliger, religiöser Routine herab? Warum verlieren sie ihren ersten Eifer und nehmen einen durchschnittlichen geistlichen Stil an, den sie in ihrer Umgebung beobachten und meinen, er sei wohl das Beste, was man in dieser ungeistlichen Welt erreichen kann? Warum sind sie, nachdem sie bereits einige Jahre den Weg gehen, oft »kleiner« als damals, als sie zuerst zur himmlischen Stadt aufbrachen?

Allerdings möchte ich sagen, dass meine Beschreibung nicht auf alle Christen zutrifft. Ich glaube, unser Philosoph war ein wenig zu umfassend, als er den Eindruck erweckte, dass alle Gemeindemitglieder mit zunehmendem geistlichen Alter »kleiner« werden. Ich glaube nicht, dass sich alle in den Sog hineinziehen lassen, aber schon die Tatsache, dass einige lau werden, reicht aus, um jemanden, der die Gemeinde Christi liebt und dem das Wohlergehen der Heiligen am Herzen liegt, zu beunruhigen.

Könnte es nicht vielleicht sein, dass viele Menschen so von dem Erlebnis ihrer Bekehrung begeistert sind, dass sie gar nicht mehr dazu kommen, ihre Augen auf den Herrn zu richten? Wenn das Neue des Erlebnisses verblasst, verschwinden auch Freude und Begeisterung aus ihrem Leben. Es sollte ihnen deutlich gelehrt werden, dass sich ein wahrer Christ zu Christus bekehrt, nicht zu Frieden, Ruhe oder Freude. Diese Dinge kommen alle zur rechten Zeit, doch sie werden wieder verschwinden, wenn der Blick nicht fest auf Christus gerichtet ist, der ja die Quelle und der Brunnen aller geistlichen Freuden ist.

Jede Gefühlsregung hat ihre Reaktion, und jedes schöne Erlebnis wird nach einer Weile verblassen. Der menschliche Organismus ist nun einmal so gebaut, und wir können nichts dagegen tun. Es ist bekannt, dass das zweite Ehejahr oft das risikoreichste ist, weil dann die erste Freude an der Zweisamkeit gewichen ist und das Paar sich damit beschäftigen muss, eine neue Basis gemeinsamer Interessen zu entwickeln und somit ein stabileres und weniger gefühlsbetontes Leben zu führen.

Nur das völlige Aufgehen in Gott kann fortwährenden geistlichen Enthusiasmus erhalten, weil nur Gott ewigen Neuwert besitzt. In Gott ist jeder Augenblick neu, und nichts wird je alt. Wir können der religiösen Dinge müde werden, sogar das Gebet mag uns zu viel werden – aber Gott niemals. Er kann uns jeden Tag der Ewigkeit einen neuen Blick seiner Herrlichkeit geben, und immer noch haben wir erst begonnen, die Tiefen des Reichtums seines unendlichen Wesens zu erforschen.

Wenn wir den Neubekehrten außer Christus noch etwas anbieten, sollten wir nicht verwundert sein, wenn wir beobachten, dass sie kein Siegesleben führen. Der Reiz des Neuen verfliegt bald, wie kostbar die Sache auch gewesen sein mag. Wenn das Interesse nachlässt, versuchen wir es durch Feuer speiende Ermahnungen wieder aufleben zu lassen. Ich muss aber bekennen, dass ich der vertrauten religiösen Aufmöbelungen müde bin. Ich habe es satt, dauernd ermahnt und gedrängt zu werden, härter zu arbeiten, mehr zu beten, freizügiger zu geben, wenn der Redner mir nicht Christus zeigt. Das alles führt nur in eine Sackgasse und lässt uns erschöpft und gelangweilt zurück. Dann ist es leichter, rückfällig und kleiner und weniger eifrig zu werden als damals nach unserer Bekehrung.

Ich habe viele unbequeme Stunden in Gebetsversammlungen verbracht, wo ich hören musste, wie meine Brüder um Segnungen baten. Doch alles Gebet ist gut und richtig, wenn das Herz Gemeinschaft mit Gott hat, und wenn das innere Auge sein herrliches Angesicht schaut. Ich habe manche langweilige und weitschweifende Predigt durchlitten, doch keine Predigt ist langweilig, wenn der Prediger mir die Schönheit Jesu aufzeigt. Ein Blick in sein Angesicht wird Liebe und Eifer wachrufen und die Sehnsucht wecken, in Gnade und in der Erkenntnis Gottes zu wachsen.

Die Summe des Gesagten ist die, dass nichts den süßen Geruch unserer ersten Erfahrung mit Gott bewahren kann außer einer ununterbrochenen und innigen Gemeinschaft mit Gott. Unser kleines Lebensrinnsal wird kümmerlich austrocknen, wenn wir es nicht ständig von dem großen Brunnen nähren. Wir müssen den Neubekehrten wissen lassen, dass er seine Tage und Nächte in Gemeinschaft mit dem dreieinigen Gott verbringen muss, wenn er wachsen und nicht verkümmern will.

Sind Prediger eigentlich richtige Männer?

■ **Als ich** noch ein junger Bursche war und begann, die Menschheit zu beachten, beschäftigte mich ein Phänomen sehr stark: das unnatürliche Auftreten von Predigern. Die Welt, in der sie lebten (so schien es mir jedenfalls), war von der Realität immer sehr weit entfernt.

Ich wuchs nicht in einer christlichen Familie auf und war somit auch die übliche religiöse Sprache nicht gewohnt. Wenn ich zufällig und gelegentlich eine Predigt hörte, dann tat ich das mit Ohren, die wohl vertrauten Klängen gegenüber unempfindlich waren. Wie seltsam klangen mir die Prediger! Wie gekünstelt fand ich ihren Tonfall und wie unnatürlich ihr Gehabe!

Sie waren doch offensichtlich Männer, doch besaßen sie nicht die Aufrichtigkeit und Offenherzigkeit, die ich so gut von anderen Männern kannte. Das kühne, offene Miteinander von Mann zu Mann fehlte. Sie schienen vor etwas Angst zu haben, obwohl ich nicht sagen konnte, was es war. Sicherlich waren die zahmen, geduldigen, fast gleichgültigen Personen, die ihnen zuhörten, äußerst harmlos. Wahrscheinlich maßen sie dem Inhalt der Predigt ohnehin nicht viel Aufmerksamkeit bei. Hätten einige Prediger insgeheim Teile aus großen Reden der Weltgeschichte in ihren Predigten vorgetragen, so hätten wohl nur wenige das bemerkt oder sich darum gekümmert. Sie sprachen so übervorsichtig, sogar fast entschuldigend, dass man sich des Eindrucks nicht erwehren konnte, sie wollten lieber für ewig verstummen, als jemanden zu verletzen. Wenn ich dann und wann einem solchen Prediger zugehört hatte, wurde mir die Bedeutung des französischen Sprichworts klar (obwohl ich es erst viele Jahre später hörte): »Es gibt drei Geschlechter: Männer, Frauen und Prediger.«

Ich bin jedoch sehr für Prediger und erwarte von ihnen keine Vollkommenheit, doch bin ich ebenso für Aufrichtigkeit. Ich halte es für höchst unwahrscheinlich, dass jemand, der übervorsichtig redet, auch wirkungsvoll reden kann. Seine Ängstlichkeit wird sein Bemühen zunichte machen und es außer Kraft setzen.

Andererseits ist es auch wahr, dass die Gemeinde Christi unter streitlustigen Männern zu leiden hatte, die lieber kämpfen als beten wollten. Aber sie hat mehr unter schüchternen, ängstlichen Predigern gelitten, die es vorzogen, nett anstatt aufrecht zu sein. Letztere haben den größeren Schaden angerichtet, allein schon aus dem einen Grunde, weil es von ihnen so viele gibt. Ich glaube jedoch nicht, dass wir zwischen beiden auszuwählen haben. Es ist nämlich tatsächlich möglich, Liebe und Mut zur gleichen Zeit zu beweisen, und sowohl wahrhaftig als auch treu zu sein. »Eure Rede sei allzeit lieblich und mit Salz gewürzt.« Das Fehlen des Salzes macht so viele unserer Predigten fade und langweilig. »Kann man auch essen, was ungesalzen ist? Oder wer mag kosten das Weiße um den Dotter?«

Hier mögen unsere theologischen Ausbildungsstätten die Schuld tragen. Sie bemühen sich, Prediger auszubilden, die es jedem recht machen sollen, aber so, wie es der Apostel Paulus nicht meinte. Sie möchten, dass ihre Studenten kultivierte Leute sind, selbst wenn es sie umbringt. Sie versuchen, alles Salz hinauszubefördern, damit nur noch Süßigkeit und Licht erhalten bleibt, was allerdings nicht immer süß oder licht erscheint. Alles Natürliche wird so weit wie möglich verfeinert. Der Rede wird jede Schärfe genommen, jeder »Stolperdraht« wird sorgfältig aus der Sprache verbannt. Dem jungen Mann wird beigebracht, herablassende Gesten zu machen, freundlich zu lächeln und gelehrt zu reden. Der direkte, offene Umgangston, der unter Männern üblich ist, wird gestutzt, um einem vagen, hochtrabenden Jargon Platz zu machen. Eine gekünstelte, wenig nutzbringende Art ist das Endergebnis.

Doch zurück zu meiner eigenen Erfahrung: Durch die Gnade Gottes wurde mir später gestattet, einen Evangelisten zu hören, der so ganz natürlich war und seinen Zuhörern das gleiche Recht zugestand. Er wusste genau, was er sagen wollte, und sagte es ohne Furcht und Zittern. Die Menschen erkannten deutlich, was er meinte, und nahmen es entweder an oder ließen es sein. Gott sei Dank nahm eine große Anzahl von ihnen das Gesagte an.

Jeder, der das Wort verkündigt, sollte es mit einem Hauch derselben kühnen Autorität und Vollmacht tun, die das Wort selbst hat.

Die Bibel ist das Buch der größten Liebe, doch gleichzeitig ist sie eindeutig und sehr freimütig. Die Schreiber der Bibel sind niemals ungehobelt oder unfreundlich, doch sie sind ausnahmslos ehrlich und völlig aufrichtig. Äußerste Dringlichkeit liegt allem, was sie schreiben, zu Grunde. Sie sind tief betroffen von moralischen Entscheidungen. Das Protokoll ist ihnen weniger wichtig als die Herrlichkeit Gottes und das Wohlergehen der Menschheit.

Man ist sehr versucht, dem jungen Prediger Ratschläge zu geben, wie er der Gefahr entgeht, ein Vermittler religiöser und gekünstelter Phrasen zu werden. Doch weitere Überlegungen zeigen, wie sinnlos das sein würde. Man könnte ihn dazu drängen, die besten Schriftsteller und Redner zu studieren, danach zu streben, originell zu sein, den Durchblick zu haben, Klischees zu vermeiden und in der »Sprache des Volkes« zu reden. All das geht jedoch an der Sache vorbei. Religiöse Unnatürlichkeit und Schauspielerei sind kein technisches Problem, sondern ein menschliches und geistliches. Sie sind eine Krankheit der Seele und können nur von dem großen Arzt der Seelen geheilt werden.

Um der Gefahr zu entgehen, unnatürlich und gekünstelt zu wirken, ist es notwendig, dass man ein persönliches Verhältnis zu Gott hat. Man muss Christus vollkommen ausgeliefert und mit dem Heiligen Geist ausgerüstet sein. Außerdem muss der Prediger frei von Menschenfurcht sein. Im Brennpunkt seiner ganzen Aufmerksamkeit muss Gott stehen und nicht die Menschen. Er muss sein Lieblingsthema aus jeder Predigt streichen und so predigen, als befänden sich seine Zukunft, sein Dienst und sein Leben in unmittelbarer Gefahr. Er muss Gott für die Folgen verantwortlich machen und reden wie einer, der nicht mehr lange zu reden hat, bevor er vor Gericht gestellt wird. Dann werden die Menschen wissen, dass sie eine wahre Stimme hören und nicht nur ein Echo.

Gesucht: Mut mit Mäßigkeit

■ **Die Sünde** hat sich große Mühe gegeben, uns vollständig zu ruinieren, und der Prozess der Wiederherstellung ist mühsam und langwierig.

Es ist schwer, das Werk der Gnade im Leben eines Menschen genau zu umreißen, doch ganz ohne Zweifel ist es das Werk eines Gottes, das abgefallene Herz dem göttlichen Abbild wieder gleichzustellen. Nichts macht das deutlicher als die große Schwierigkeit, mit der wir zu kämpfen haben, wenn wir eine geistliche Symmetrie in unserem Leben herstellen möchten. Selbst die treuesten Seelen sehen sich allein außer Stande, christliche Tugenden rein und ohne den Zusatz unchristlicher Schwächen auszuleben, und das ist die Ursache manchen Herzenskummers für viele der Kinder Gottes heutzutage.

Die Tugenden, um die es hier geht, Mut und Mäßigkeit, bewirken, wenn sie im richtigen Verhältnis zueinander stehen, ein ausgeglichenes Leben, das im Dienst des Herrn brauchbar ist. Wo diese beiden im Missverhältnis zueinander stehen, gerät das Leben aus dem Gleichgewicht, und Kraftreserven werden vergeudet.

Fast alle schriftstellerischen Werke werden bei genauer Prüfung autobiografische Züge aufweisen: Wir kennen das am besten, was wir selbst erfahren haben. Dieses Kapitel ist keine Ausnahme, und so darf ich auch gleich offen zugeben, dass es autobiografisch ist, denn der scharfsinnige Leser wird die Wahrheit ohnehin herausfinden, obwohl ich sie gern verheimlichen würde.

Kurz gesagt: Ich bin selten ein Feigling genannt worden, sogar von meinen wortgewandtesten Kritikern nicht, doch mein Mangel an Mäßigkeit hat manchmal meinen besten Freunden Kummer bereitet. Eine starke Persönlichkeit lässt sich schwer zähmen, und die Versuchung, dem Herrn mit harten und unmäßigen Methoden zu Hilfe kommen zu wollen, ist groß. Diese Versuchung wird dadurch noch verstärkt, dass man sich der Unmöglichkeit bewusst ist, einem Prediger klarzumachen, wie hart und verletzend die Worte sein können, deren er sich bedient. Einem Mann Gottes steht eine gewisse priesterliche Immunität zu, die zu zügelloser und verantwortungsvergessener Redeweise führen kann, es sei denn, es werden heroische Anstrengungen gemacht, um das ganze Leben unter die Zucht des Geistes der Liebe zu bringen. Das habe ich manchmal nicht geschafft, und immer war es zu meinem eigenen großen Schaden.

Hier macht sich wieder einmal der Unterschied zwischen den Wegen Gottes und den Wegen der Menschen bemerkbar. Ohne eine durch schmerzliche Erfahrung gelernte Einsicht sind wir nur zu gern darauf aus, unser Ziel durch den direkten Angriff zu erreichen, d. h. den Kampf im Sturm zu gewinnen. Das war Simsons Weg, und er ging bis auf ein geringfügiges Versehen gut: der Sieger ging nämlich mit den Besiegten zu Grunde! Ein Angriff aus der Flanke ist durchaus weise, doch ein tollkühner Mensch wird diese Taktik wahrscheinlich verwerfen.

Von Christus wurde gesagt: »Er wird nicht schreien noch rufen, und seine Stimme wird man nicht hören auf den Gassen. Das zerstoßene Rohr wird er nicht zerbrechen, und den glimmenden Docht wird er nicht auslöschen. Er wird das Recht wahrhaftig halten lehren.« Er erreichte seine hohen Ziele ohne außergewöhnliche körperliche Belastung und absolut ohne Gewalt. Sein ganzes Leben war von Mäßigkeit gezeichnet, und doch war er von allen Menschen bestimmt der mutigste. Er konnte Herodes, der ihn bedrohte, sagen lassen. »Geht hin und saget diesem Fuchs: Siehe, ich treibe Teufel aus, und mache gesund heute und morgen, und am dritten Tage werde ich ein Ende nehmen.« Das ist vollendeter Mut, aber keine Herausforderung, kein Anzeichen von Hohn, keine überzogenen Worte oder Taten. Er hatte Mut mit Mäßigkeit.

Die Unfähigkeit, zwischen diesen beiden Tugenden das rechte Gleichgewicht herzustellen, hat in der Gemeinde Jesu viel Böses angerichtet, und der Schaden war um so größer, wenn führende christliche Persönlichkeiten daran beteiligt waren. Mangelnder Mut ist ein großer Fehler und kann zur Sünde werden, wenn er dazu führt, Kompromisse in Lehrauffassung und -praxis zu machen. Sich um des lieben Friedens willen bequem zurückzusetzen und dem Feind zu gestatten, die heiligen Gefäße aus dem Tempel zu rauben, ist nicht die Art eines wahren Gottesmannes. Mäßigkeit bis hin zum Verzicht auf heilige Dinge ist ganz gewiss keine Tugend. Doch auch Streitlust hat nie einen himmlischen Kampf entschieden. Der Zorn des

Menschen hat der Herrlichkeit Gottes nie genützt. Es gibt rechte und wahre Verhaltensweisen, doch diese sind nie Wege der Gewalt. Die Griechen haben ein berühmtes Sprichwort: »Mäßigkeit ist das Beste.« Auch das schlichte Sprichwort der amerikanischen Farmer: »Leicht genommen ist halb gewonnen« birgt tiefe Weisheit in sich.

Gott hat die Menschen trotz ihres Versagens gebraucht und wird sie zweifellos auch weiterhin dazu gebrauchen, diese Tugenden ins rechte Verhältnis zu bringen. Elia war ein mutiger Mann, das könnte niemand bezweifeln. Doch keiner würde so voreilig sein und behaupten, dass er auch ein Mann der Geduld oder der Mäßigkeit war. Er trug den Sieg durch direkten Angriff und Herausforderung davon und verzichtete auch nicht auf Satire und Hohn, als er annahm, diese Dinge würden der Sache dienlich sein. Als aber der Feind vernichtet war, kam er ins Wanken und versank in den Wogen der Verzweiflung. Das ist das Wesen eines extremen Charakters, eines Mannes, der wohl Mut, doch keine Mäßigkeit hat.

Eli dagegen war ein Mann der Mäßigkeit. Er konnte nicht einmal zu seiner eigenen Familie »nein« sagen. Er liebte einen unbedachten Frieden, und schreckliches Unheil war der Preis, den er für seine Feigheit bezahlen musste. Beide waren gute Männer, doch konnten sie den goldenen Mittelweg nicht finden. Von ihnen war jedoch der feurige Elia der größere Mann. Es ist schmerzlich, daran zu denken, was Eli unter Elias Umständen getan hätte. Und ich könnte Hophni und Pinehas bemitleiden, wenn Elia ihr Vater gewesen wäre!

Das führt uns logischerweise dazu, an den Apostel

Paulus zu denken. Hier ist ein Mann, den wir nicht diskreditieren können. Er scheint einen fast perfekten Mut, verbunden mit einem geduldigen Charakter und einer wahrhaft gottähnlichen Langmut besessen zu haben. Was er ohne die Gnade Gottes hätte sein können, lässt sich aus dem kurzen Lebenslauf vor seiner Bekehrung entnehmen. Nachdem er dazu beigetragen hatte, Stephanus zu Tode zu steinigen, reiste er herum, verfolgte die Christen »... und schnaubte mit Drohen und Morden«. Selbst nach seiner Bekehrung war er noch fähig, ein pauschales Urteil zu fällen, wenn er über ein Thema verbissen eine Meinung vertrat. Seine barsche Ablehnung des Markus, als der die Arbeit verlassen hatte, ist ein Beispiel für seine kurz angebundene Art, mit Menschen umzuspringen, die sein Vertrauen verloren hatten. Doch die Zeichen der Zeit und des Leides sowie ein inniger Umgang mit dem geduldigen Heiland scheinen den Fehler in diesem Mann Gottes geheilt zu haben. In späteren Jahren war er voller Liebe, Langmut und Erbarmen. So sollte es mit uns allen sein.

Es ist doch bedeutungsvoll, dass die Bibel uns keinen Bericht von einem Menschen, der von seiner Feigheit geheilt wurde, hinterlassen hat. Keine »angstvolle Seele« wurde je zu einem Mann des Muts. Petrus wird manchmal als Ausnahme hingestellt, doch nichts deutet darauf hin, dass er weder vor noch nach Pfingsten ein zurückhaltender, schüchterner Mann war. Zwar stand er ein- oder zweimal an der Grenze zur Feigheit, doch größtenteils war er ein Mann mit einem solch explosiven Mut, dass er ständig mit seiner Kühnheit in Konflikt geriet.

Dass die Gemeinde Christi gerade in unseren Tagen mutige Männer braucht, ist wohl bekannt und bedarf keiner Erwähnung. Die Angst schwebt über der Gemeinde des Herrn wie ein alter Fluch: die Angst um unser Leben, um unsere Arbeitsstelle, die Angst, unbeliebt zu werden und die Angst vor den Menschen. Dies sind die Geister, die diejenigen Männer heimsuchen, die heutzutage in Schlüsselpositionen im Gemeindeleben stehen. Viele von ihnen versuchen, doch noch einen mutigen Eindruck zu machen, indem sie mit tragisch-komischem Wagemut unverfängliche und erwartete Formulierungen vortragen.

Aber ein »hausgemachter« Mut schafft keine Abhilfe. Sollten wir uns angewöhnen, die Dinge wirklich beim Namen zu nennen, so kann das höchstens zur Folge haben, dass wir uns zum Ärgernis machen und viel Schaden anrichten. Das Ideal scheint ein sanfter Mut zu sein, der seine Wirkung nicht aus sich bezieht. Er zehrt fortwährend von der Kraft des innewohnenden Geistes und wird sich seiner selbst überhaupt nicht bewusst. Solch ein Mut wird auch Geduld und Gleichgewicht haben und frei von Extremen sein. Möge Gott uns eine Taufe mit diesem Mut gewähren!

I

Wir drehen uns alle im Kreise

Predigern und religiösen Schriftstellern wird oft vorgeworfen, dass sie sich wiederholen. Dahinter steht der Gedanke, dass eine einmal ausgesprochene Idee nie wieder erwähnt werden sollte, weil offensichtlich angenommen wird, dass Ideen wie Geburtstage sind: niemand kann denselben Geburtstag zweimal feiern, es sei denn, irgendetwas stimmt mit seinem Erinnerungsvermögen oder seiner Ehrlichkeit nicht.

Tatsächlich drehen wir uns mit unseren Gedanken alle im Kreis herum. Es ist ganz unmöglich, dass sich jemand bei einem Gedankengang in gerader Linie von seinem Ausgangspunkt fortbewegt. Wir sind von der Struktur unseres Sinnes her dazu bestimmt, uns im Kreise zu bewegen und immer wieder an denselben Ideen vorbeizukommen, die uns wie vertraute Markierungsschilder erscheinen.

Nur verhältnismäßig wenige Gedankengänge sind der Menschheit zugänglich, und diese machen die ganze Struktur menschlichen Denkens aus, wahrscheinlich von einem Schuljungen bis hin zu Plato. Fakten können natürlich jeden Tag unserem schon vorhandenen Wissen hinzugefügt werden, doch diese können das Gewebe unseres Denkens nur ein wenig bereichern; sie können weder Farbe noch Muster bedeutend verändern. Es bedarf einer besonderen Fähigkeit, zu sortieren und neu zu kombinieren, was schon an alten und vertrauten Ideen vorhanden ist, damit sich neue und »originelle« Schönheit bildet.

Es muss auch gesagt werden, dass nicht alle Menschen im Erwerben von Ideen das gleiche Talent entwickeln. Einige arbeiten nur mit einem kleinen Bruchteil der ihnen zur Verfügung stehenden Ideen und könnten weit mehr erreichen, wenn sie sich die Gelegenheiten, die das Leben zu bieten hat, zu Nutze machen würden. Folglich sind ihre Gedankengewebe langweilig und monoton. Andererseits verfügen sogar der weiseste Gelehrte und der geschulteste Denker nur über relativ wenige Hauptgedanken, mit denen sie arbeiten können.

Sollte allein schon die Feststellung dieser Tatsache jemanden entmutigt haben, dann wollen wir daran denken, dass die größten Kunstmaler vergangener Jahrhunderte gezwungen waren, ihre Meisterwerke mit nur sieben Grundfarben zu malen. Ihr Genie befähigte sie dazu, unzählige Kombinationen und Farbschattierungen zu schaffen, ohne jemals irgendwelche neuen Farben zu erfinden. Und die mächtigen Werke eines Beethoven oder Donizetti sind nur eine Hand voll verschiedener Töne, die geschickt kombiniert wurden.

So muss sich die schöpferische Kunst des Genies ebenso wie die bescheideneren Gedanken des weit weniger begabten Geistlichen im wohl vertrauten Kreise herum bewegen. Das trifft auf jedes Gebiet menschlichen Denkens zu, die christliche Theologie eingeschlossen. Es gibt zum Beispiel 150 Psalmen in unserer Bibel, von denen jeder in sich ein Edelstein und für das anbetende Herz von unschätzbarem Wert ist. Würden wir jedoch alle Wiederholungen auslassen, so könnte man die ganze Sammlung auf ein knappes halbes Dutzend oder sogar weniger zusammenstreichen. Dieselben leuchtenden Gedanken erscheinen immer wieder, wie die Farben in einem Gemälde oder die Noten in einer Sinfonie. Doch niemals ermüden sie die Seele, die in Liebe zu Gott entbrannt ist. Jeder alte, wunderbare Gedanke erscheint neu und frisch, als hätten wir ihn gerade erst entdeckt.

Für das Neue Testament trifft das Gleiche zu. Sollte ein Kritiker jemals darangehen, alle Wiederholungen aus den paulinischen Werken zu streichen, dann würden die dreizehn Episteln nicht mehr achtzig Seiten, sondern sehr viel weniger Platz einnehmen. Aber kein Christ würde eine solche Ausschreitung gut heißen. Wir wollen die paulinischen Episteln so belassen, wie sie sind. Viele Basisgedanken enthalten sie nicht, aber doch sind sie wie Säulen, die das Universum tragen, und aus ihnen erwächst der mächtige, erhabene Lebensbaum christlicher Lehre, in dessen Schatten viele Menschen seit Jahrhunderten voller Freude wohnen und um dessentwillen sie sogar, wenn es nötig war, den Tod nicht gescheut haben.

Auch die Texte der Gesangbücher gründen sich, trotz ihres Reichtums und ihrer Schönheit, auf nur wenige Gedanken. Wenn wir uns das Inhaltsverzeichnis eines guten Gesangbuches ansehen, werden wir feststellen, dass dort verhältnismäßig wenige Themen angeführt sind: Gott, Christus, der Heilige Geist, das Kreuz, die Auferstehung etc. Überprüft man ein Lied oder auch hunderte auf ihren theologischen Gehalt, so findet man nicht viele wesentliche Gedanken. Doch wenn sie kombiniert und auf menschliche Not angewandt oder als lyrischer Ausdruck der Anbetung dargebracht werden, dann drücken diese wenigen geistigen Impulse alles aus, was wir in unserer gegenwärtigen und in der zukünftigen Welt brauchen. Auch beim Singen drehen wir uns also gedanklich im Kreise, und die Wiederholung des Wohlbekannten dient tatsächlich dazu, uns zu erfreuen, anstatt uns zu langweilen – genauso, wie wir uns freuen, nach kurzer Abwesenheit unsere Familie wieder zu sehen.

Einige Prediger haben geradezu eine krankhafte Angst vor Wiederholungen und eine derart unnatürliche Furcht vor dem Vertrauten, dass sie sich immer wieder um das Ungewöhnliche und Aufsehen erregende bemühen. In manchen Kirchen- oder Gemeindeblättern sind oft Predigtthemen angegeben, die nicht nur irreführend sind, sondern schon grotesk klingen. Nur mit der allerkühnsten Fantasie kann man irgendeine Relation zwischen Predigtthema und dem Glauben an Christus herstellen. Ich wage nicht, die Ehrlichkeit und Aufrichtigkeit der Männer in Frage zu stellen, die mit ihren kurzen geistlichen Flügeln so wild herumflattern, als wollten sie sich in lichtblaue Höhen erheben – aber sie tun mir jedenfalls sehr Leid. Niemand sollte versuchen, origineller zu sein als ein Apostel.

I

Evangelikaler Snobismus

Wir sind ein armseliger Haufen, wir Söhne und Töchter Adams.

Ein überzeugender Beweis für unsere angeborene Verdorbenheit ist die Art und Weise, in der wir es fertig bringen, Gutes in Böses zu verwandeln und Segen zu einem Fluch für uns zu machen. Ich meine, dass tatsächlich die Ansicht vertreten werden kann, dass Sünde nur ins Gegenteil verdrehte Gerechtigkeit und Böses umgekehrte Gutheit ist. Die Sünde ist, genau genommen, der Missbrauch von Dingen, die in sich selbst harmlos sind, ein illegitimer Gebrauch legitimer Gegebenheiten.

Wir Christen sind vom selben Holz geschnitzt wie der Rest der Menschheit, und obgleich wir Teilhaber einer neuen Natur wurden, sind wir immer noch nicht ganz von der alten befreit. Aus diesem Grunde stehen wir ständig in der Versuchung, dem Fleisch zu gehorchen und die alte Natur anstatt der neuen zu präsentieren. Ich kenne die Argumente der Gegner dieser Theorie, doch sind sie mir nie sehr überzeugend erschienen, besonders wenn ihre Verfechter unwiderlegbare Beweise ihrer alten Natur liefern, noch bevor das Argument verhallt ist.

Weil wir so sehr menschlich sind, besteht die

größte Gefahr, dass wir (vielleicht unbeabsichtigt) das Menschliche tun und die Segnungen zu einem Fluch für uns machen. Wenn wir nicht mit aller Ernsthaftigkeit wachen und beten, können wir das Gute ins Böse verkehren und die Gnade Gottes zu einer Falle und nicht zu einem Segen für uns werden lassen.

Eine der reinsten Gaben, die wir von Gott empfangen haben, ist die Wahrheit. Eine zweite Gabe, die fast genauso kostbar ist und ohne die die erste bedeutungslos wäre, ist unsere Fähigkeit, Wahrheit zu erfassen und zu würdigen. Für diese unbezahlbaren Schätze sollten wir aus tiefstem Herzen dankbar sein, und unser Dank dafür sollte Tag und Nacht zum Geber aller guten Gaben emporsteigen. Weil uns diese und andere Segnungen aus Gnade, ohne dass wir einen Anspruch darauf hätten, geschenkt werden, sollten wir sehr demütig sein und sorgfältig darauf achten, dass diese unverdiente Gunst nicht von uns genommen wird, weil wir uns dafür nicht dankbar erzeigen.

Wir Menschen sind bekanntlich sehr undankbar. Die biblische Geschichte offenbart, dass das Volk Israel Gottes Gaben oft als selbstverständlich hinnahm und so den Segen in Fluch umwandelte. Diesen menschlichen Fehler finden wir sogar im Neuen Testament. Auch das Leben vieler Christen aus verschiedenen Jahrhunderten zeigt, dass Wahrheit oft von einer starken Versuchung zum Hochmut begleitet wird, ähnlich wie Christus in der Wüste vom Teufel verfolgt wurde. Dieselbe Wahrheit, die die Menschen frei macht, kann auch zu einer Kette werden, die sie zur Knechtschaft verurteilt. Vergessen wir es nie: Kein Hochmut ist so heimtückisch und gleichzeitig so mächtig wie der Stolz auf die eigene Rechtgläubigkeit.

Snobismus ist das Kind des Hochmuts. Zuerst ist der Stolz vielleicht nur eifrig und ehrgeizig, indem er versucht, sich einen Namen zu machen oder zu beweisen, dass er das Ziel schon erreicht hat. Später verliert sich der Eifer und wird zur Abwehrstellung. Schließlich gibt er sogar die Verteidigung auf und akzeptiert sein Image als etwas, das über aller Kritik steht, absolut unerreichbar für Verbesserungsvorschläge. Hat der Hochmut diese Phase erreicht, dann ist ein Snob geboren, und kein Snob weiß, dass er einer ist.

Der Snob, der sich durch seinen materiellen Besitz erhaben fühlt, gibt eine komische Figur ab. Weil er eben so bemitleidenswert ist, kann man ihn mit einiger Mühe noch tolerieren. Der Snob, der sich seiner Ahnen rühmt, ist schon schwerer zu ertragen. Man kann ihn jedoch mit der Bemerkung entwaffnen, dass alles, worauf er stolz zu sein scheint, ja schon unter der Erde liegt. Doch was sagen wir zu dem intellektuellen Snob? Er ist unerträglich, ein Mensch, den zu lieben schwierig und den gern zu haben unmöglich ist.

Im evangelikalen Christentum ist vor kurzem eine neue Richtung zum Vorschein gekommen, die, wie mir scheint, in großer Gefahr steht, eine ungewöhnlich große Zahl intellektueller Snobs zu produzieren. Die Jünger dieser Richtung sind orthodox, wenn wir damit meinen, dass sie an den fundamentalen Grundsätzen des historischen Glaubens festhalten. Doch an diesem Punkt endet auch schon ihre Ähnlichkeit mit dem neutestamentlichen Christentum. Ihr Geist ist ein ganz anderer als der Geist der ersten Gemeinden.

Diese neue Züchtung von Christen kann man an besonderen Merkmalen erkennen. Eines davon ist ihre Angewohnheit, sich in die Brust zu werfen und ein Geräusch hervorzubringen, das dem Krächzen der Krähen täuschend ähnlich ist. Zum Zweiten schweben sie gewöhnlich in so hohen Regionen, dass die anderen Christen Schwierigkeiten haben, sie nicht aus den Augen zu verlieren, geschweige denn mit ihnen mitzuhalten. Auch vom Klang her sind sie leicht zu erkennen, denn ihre Worte sind fast nur Imitationen. Selten gelingt es einem von ihnen, einen originellen Ton anzuschlagen. Jeder wartet erst die Meinung von Barth oder Brunner, Bultmann oder Tillich ab, um sie dann so echt wie möglich nachzuäffen – allerdings in die orthodoxe Tonart transponiert. Ihr Paarungsruf ist ein schrilles »Ich auch! Ich auch!«, das man von September bis Juni durch die Korridore verschiedener evangelikaler Bibelseminare und Institutionen erschallen hören kann.

Von den Anhängern dieser neuen Richtung wird allerdings übersehen, dass die Wahrheit nicht nur einen geistigen Wert hat, sondern auch einen moralischen. Wenn das Glaubensbekenntnis in Hochmut zitiert wird, verliert es für den, der es spricht, seinen Wahrheitsgehalt. Das Unentbehrlichste fehlt nämlich – Demut. Ein theologisches Faktum wird nur dann eine geistliche Wahrheit, wenn es von einem demütigen Geist aufgenommen wird. Dem hochmütigen Menschen, wie orthodox er auch sein mag, bleibt geistliche Wahrheit verborgen, genauso, wie das Licht einem blinden Mann nichts bedeuten kann.

Im christlichen Leben wissen wir am meisten, wenn wir erkennen, dass wir nichts wissen, und wir verstehen am besten, wenn wir wissen, dass wir wenig verstehen und dass es sehr viel gibt, das wir nie verstehen werden. In der Heiligen Schrift ist Wissen eine Art

Erlebnis, und Weisheit hat moralischen Inhalt. Wissen ohne Demut ist Eitelkeit. Der religiöse Snob wird auf die Wahrheit verzichten müssen: Snobismus und Wahrheit sind unvereinbar.

I

Ich glaube an die Bruderschaft der Menschen

■ **Jahrhunderte bevor** die augenblickliche, höchst befangene und in manchen Gebieten durch Gesetze erzwungene Freundschaft zwischen den Rassen und Völkern begann, sagte der Apostel Paulus, der Jude war, zu den Griechen in Athen: »Und er (Gott) ... hat gemacht, dass von einem Blut aller Menschen Geschlechter auf dem ganzen Erdboden wohnen.«

Die angeblich moderne soziologische Entdeckung von der Einheit und Gleichheit aller Menschen ist somit ein alter Hut und nicht, wie behauptet wird, ein neues, fortschrittliches Konzept und ein Beweis für den Aufstieg der Menschheit.

Die Bibel lehrt, dass alle Menschen einen gemeinsamen Ursprung haben, und damit hat sie schon vor einigen tausend Jahren jeden vernünftigen Gedanken, der heute über Bruderschaft gesagt wird, vorausgesehen. Das erste Buch Mose betrachtet es als historische Tatsache, dass die menschliche Rasse mit einem Ur-Paar begann, nämlich mit Adam und Eva. Alle, die jetzt leben oder je gelebt haben, stammen von jenen ersten Eltern ab. Der Bibel gemäß ist in den menschlichen Organismus keine nicht-adamitische Ader eingebaut worden, die zu grundlegenden Differenzen der

Menschen untereinander geführt haben könnte. Vor der Sintflut fasste Gott die menschlichen Bewohner der Erde unter dem Gattungsnamen *Mensch* zusammen. »Und Gott sah, dass der Menschen Bosheit groß war auf Erden.« Nach der Sintflut bezeichnete er immer noch alle Völker als *Menschen.* »Wer Menschenblut vergießt, des Blut soll auch durch Menschen vergossen werden; denn Gott hat den Menschen zu seinem Bilde gemacht.«

Die dann folgende Absonderung Israels von dem Rest der Menschheit, die das Volk auf die Erfüllung des göttlichen Plans vorbereiten sollte, beinhaltete keine biologische Unterscheidung zwischen Juden und Heiden und konnte es auch nicht. Alle Menschen entsprangen den Lenden Adams und wurden auf menschliche Weise geboren. Obwohl Israel die Herrlichkeit und der Bund Gottes, das Gesetz, der Gottesdienst und die Verheißungen gegeben wurden, und obwohl durch Israel der Erlöser kam, war es doch, biologisch gesehen, mit dem Rest der Menschheit eins. Christus erkennt dieses an, indem er sich selbst den »Menschensohn« nennt. Er kam durch Israel, doch kam er zu der Menschheit.

Im Grunde genommen sind alle Menschen gleich. Sie sind alle Mitglieder derselben Ordnung erschaffenen Lebens und können der lebenswichtigen Einheit, die zwischen ihnen existiert, niemals entfliehen. Wie sehr sie sich auch bekriegen mögen, so sind sie sich doch näher, als sie es je einer anderen Ordnung erschaffenen Lebens sein könnten. Sie sind Brüder in Adam.

Dieses Wissen beseitigt auf keinen Fall das Problem der Unterscheidungsmerkmale, die zwischen den einzelnen Menschen, Rassen und Nationen bestehen.

Diese Unterschiede sind oft oberflächlicher Natur und, genau genommen, allesamt nebensächlich. Physiologisch haben sie mit Größe, Körperform, Schädelbau und besonders mit Hautfarbe zu tun. Zu diesen sind in vielen Jahrhunderten noch weitere Unterschiede hinzugekommen, wie politische Gruppierungen, Sprachen, Sitten und Gebräuche. Diese mögen geringfügig erscheinen, aber offensichtlich sind sie doch wichtig genug, um dem Elend unter den Menschen kein Ende werden zu lassen. Kain erschlägt immer noch Abel, und Jakob betrügt Esau auch heute noch um sein Erstgeburtsrecht. So ist es immer gewesen, und so wird es auch bleiben, ungeachtet der viel versprechenden Worte der Sozialreformer.

Und warum muss es immer so sein? Weil die Menschheit eine moralisch und geistlich gefallene Rasse ist. Die vielgerühmte menschliche Bruderschaft ist eine Bruderschaft gefallener Menschen. Sollte sich die Hoffnung, die in dem kleinen Lied »Die Welt wird eins in einem Gebet« zum Ausdruck kommt, je erfüllen, so würde es sich immer noch um eine verlorene Welt handeln. Wären die Vereinten Nationen wirklich vereint, so wären sie doch nichts weiter als eine Vereinigung von Nationen in Auflehnung gegen Gott.

Die Idee menschlicher Bruderschaft, über die sich in diesen Tagen viele Pseudo-Philosophen den Mund zerreißen, sollte uns nicht beruhigen, sondern in uns die Furcht Gottes wecken. Wir wissen, dass der Apostel Paulus vor langer Zeit inspiriert wurde, Folgendes zu schreiben: »Und wie denn durch einen Menschen die Sünde in die Welt gekommen ist und der Tod durch die Sünde, also ist der Tod zu allen Menschen durchgedrungen, dieweil sie alle gesündigt haben.«

Die Kehrseite der »Einheits-Medaille« heißt: universelle Verdammnis aller Menschen.

So seltsam es auch klingen mag: Unsere Hoffnung besteht nicht darin, dass wir uns mit der menschlichen Rasse zusammentun und eng zusammenrücken, sondern darin, dass wir der Welt insgesamt die Untertanenpflicht aufkündigen. Wenn wir unser Vertrauen auf eine Bruderschaft verdammter Menschen setzen, werden wir letztlich mit ihnen sterben müssen.

In der christlichen Botschaft sind die kleinen Präpositionen »von«, »aus« und »hinzu« von großer Bedeutung. Das Evangelium ruft uns zunächst zur Buße von Sünden, dann zur Trennung von der Welt. Erst wenn der Mensch sein Vertrauen auf menschliche »Gemeinsamkeit« verliert und es auf Christus setzt, wird er die Freude vergebener Sündenschuld erfahren und die tiefe Gewissheit, dass er mit Gott versöhnt worden ist. Er muss bekennen und aufgeben können, um zu empfangen.

Die Bruderschaft der Menschen ist zwar eine Tatsache, aber sie bringt der Menschheit keine Zukunft. Aus dieser alten, hoffnungslosen Bruderschaft ruft sich Christus ein Volk zu seinem Eigentum. Dieses Volk besteht aus erlösten und wieder geborenen Männern und Frauen, die dadurch befreit wurden, dass sie sich von der ursprünglichen adamitischen Gemeinschaft lossagten und ihr nicht noch bei ihrer Ausdehnung helfen. Sie bilden nun zusammen eine neue menschliche Rasse, eine Bruderschaft erkaufter Menschen, die mit der gefallenen Welt durchaus verwandt und doch von ihr getrennt ist – genauso, wie die Arche Noahs von den Wassern der Sintflut getrennt war.

Hochsommerlicher Wahnsinn

■ **Je höher** die Sonne im Süden steigt, desto mehr überkommt die Bürger unseres Landes eine seltsame Ruhelosigkeit. Wenn der Sommer dann endlich da ist, könnte man meinen, man sei von einem Haufen zu Tode erschreckter Ameisen umgeben. Eine Art Wahnsinn erfasst die Menschen, und dann beginnt jeder von ihnen seinen vier Monate langen, verzweifelten Versuch, irgendwo anders hinzukommen, als er sich im Moment befindet. Niemand hält inne, um sich zu fragen, wohin das alles führen soll. Jeder, der nicht gerade im Krankenhaus oder im Gefängnis ist, macht die allgemeine Massenflucht begeistert mit.

Ein unwiderstehlicher Drang erfasst die meisten von uns, wie der Wind ein Staubkorn, und wirbelt uns herum, bis wir schwindlig werden. Das hält solange an, bis der erste Frost kommt, der Kürbis reif wird und die Vagabunden nach Hause getrieben werden.

Der standhafte alte Diakon, der sein ganzes Leben in dem Landkreis verbringt, in dem er geboren wurde, ist für immer von der Bildfläche verschwunden. Er existierte vor den Tagen der modernen Nomaden. Die Zeiten haben sich geändert; er ist verschwunden, genauso wie Pferd und Wagen und die Pferdeleinenpflöcke. Vielleicht wird man ihn eines Tages im Museum finden, wo er gemeinsam mit dem dreizehigen Pferd und dem Dinosaurier die Zeit totschlägt.

Sein schwerster Fehler war, dass er nie Ferien machte. Sicher hätte ihm eine Luftveränderung, eine Ruhepause und ein bisschen Erholung gut getan. Doch da er von diesen wundervollen Hilfsmitteln für Gesundheit und langes Leben nichts wusste, steckte er seine Nase in die Tretmühle, zog zehn gesunde Kinder groß, bewirtschaftete seinen Hof, besuchte viermal wöchentlich die Baptistengemeinde und brachte es auch noch fertig, ein bis zwei gute Bücher im Monat zu lesen. Obgleich er es versäumt hatte, sich in jährlichen Intervallen richtig zu entspannen, konnte er als vierfacher Großvater immer noch ohne Brille ein Eichhörnchen aus fast 900 Meter Entfernung aus einem Kastanienbaum schießen und mit 87 Jahren noch herumlaufen wie ein Wiesel. Als er dann endlich starb, wurde er von seiner Familie und einigen guten Nachbarn, die seinen standhaften Charakter lieben gelernt hatten, aufrichtig betrauert.

Wenn jemand behauptet, dass sein Enkel, der alle zwei Jahre seine Wohnung wechselt und den Sommer über in einer Wolke von Auspuffgasen durch die Landschaft rast, ihm an Männlichkeit in nichts nachsteht, dann geht das über meinen Horizont hinaus. Die berühmten Zeilen von Goldsmith stimmen mich nachdenklich:

»Dem Land ergeht es übel,
und Sorge wohnt in seinen Mauern,
wenn Reichtum herrscht
und lüsterne Gefahren auf die Menschen lauern.«

Wir glauben durchaus an Freiheit, so wie sie uns durch die Gesetzgebung garantiert wird, und an das unantastbare Recht jedes Menschen, zu tun, was ihm beliebt, solange er sich innerhalb der Legalität bewegt. Wenn der Großteil der Bevölkerung sich nichts sehnlicher wünscht, als seine Wohnungen zu verlassen und seine Freizeit damit zu verbringen, zwischen verschiedenen Tankstellen hin und her zu jagen, dann können wir nichts dagegen tun. Protest würde in diesem Fall nicht mehr ausrichten als ein Tropfen auf einem heißen Stein oder ein Schrei in der Brandung. Doch möge uns altmodischen Anhängern einer vernünftigeren und langsameren Zeit vergeben werden, wenn wir einige Tränen vergießen über das Unheil, das dieser hochsommerliche Wahnsinn in vielen unserer Gemeinden anrichtet.

Allerdings bin ich zu dem Zugeständnis bereit, dass ein gewisser therapeutischer Wert durchaus in einer Ferienreise liegt, wo und wann sie nötig wird. Keinesfalls missgönne ich einem hart arbeitenden Menschen eine Ruhepause von der täglichen Tretmühle.

Doch die traurige Wahrheit ist, dass die Angewohnheit, Ferien oder auch Wochenendtrips im Sommer zu machen, sich so ausgeweitet hat, dass die christlichen Versammlungsstätten jedes Jahr für einige Monate »stillgelegt« werden. Einige Gemeindehäuser schließen ganz, andere sind gezwungen, während des Sommers ihre Abendgottesdienste einzustellen, und wieder andere müssen ihre Gottesdienste zusammen mit Nachbargemeinden abhalten, um durch eine angemessene Besucherzahl einen Gottesdienst überhaupt zu rechtfertigen. Sogar Pfingstgemeinden werden ernsthaft gefährdet, die Kassierer schreiben rote Zahlen, die moralische Einstellung leidet, und der Glaube verfliegt wie ein Häufchen Asche.

Es ist schwer zu verstehen, wie ein Nachfolger Christi sich rechtfertigen kann, wenn er in diesen letzten Tagen so oft und schamlos sein Kreuz niederlegt. Die Armee des Herrn ist die einzige Armee der Welt, in der sich die Soldaten in Kriegszeiten einen viermonatigen Urlaub genehmigen. Wenn jemand mich daran erinnern sollte, dass während des Sommers viele große Konferenzen und Freizeiten stattfinden, würde ich darauf antworten, dass ein zehntägiger Spaß bei einer Freizeit ein schlechter Ersatz für einen Sommer treuen Dienstes in der Heimatgemeinde ist.

Es erweckt in mir mehr als Mitleid, wenn ich an den in der Sommersonne schwitzenden Sonntagsschulleiter denke, der vor den kümmerlichen Resten seiner sonst großen Kinderschar steht und tapfer zu lächeln versucht, obwohl ihm die Hälfte seiner Lehrer fehlt. Es ist ein tragikomischer Anblick, den »Sonnyboy« der Gemeinde an einem Samstagnachmittag auf seine Knie gehen zu sehen, weil er Gott für den Wohlstand danken möchte, der es ihm ermöglicht, das Haus Gottes öfter zu verlassen, als er es sich in mageren Jahren leisten konnte. Dann betet er sogar noch um »Bewahrung auf der Landstraße«, wenn er seinen Posten verlässt, um sich zwischen Konservendosen und Quallen am Strand zu aalen.

Dass die Gemeinde Christi sich diesem hochsommerlichen Wahnsinn einfach beugt, wirft auf ihren geistlichen Zustand ein trauriges Licht. Es wundert mich wenig, dass die Weltmenschen höhnisch lächeln, wenn wir, nachdem das kühle Wetter eingesetzt hat, zurückkommen und sie »bekehren« wollen. Sie nehmen uns nicht ernst, und wir können uns bei uns selbst dafür bedanken.

Wir brauchen eine Erweckung! Wir brauchen eine Erweckung für eine Hingabe bis zum Tod, eine Erweckung völliger Auslieferung an den Willen Gottes, die über Opfer lacht und es als Vorrecht betrachtet, das Kreuz in der Hitze des Tages zu tragen. Wir werden zu viel von der Welt beeinflusst und zu wenig vom Geist bestimmt. Wir, die wir von einem tieferen geistlichen Leben überzeugt sind, sind den Versuchungen des Müßiggangs gegenüber nicht immun und stehen in großer Gefahr, eine Generation von Vergnügungssuchenden zu werden.

Wer mit diesen Ausführungen nicht übereinstimmt, ist dazu durchaus berechtigt, und ich wäre der Letzte, der ihm dieses Recht abspräche. Doch darf ich nicht im Namen von Tausenden um ihr Dasein kämpfenden Gemeinden und niedergeschlagenen Pastoren um ein bisschen mehr Treue zur Ortsgemeinde in dieser schwierigen Zeit flehen?

Möge Gott sich ein Volk erwecken, dem die Not einer verlorenen Menschheit mehr am Herzen liegt als die Sommerbräune. Ich kenne einen treuen Mitarbeiter einer Gemeinde, der sich immer wieder weigert, vollkommen legitime Vergnügungsreisen zu machen, weil er sich nicht überwinden kann, seine Klasse heranwachsender Sonntagsschuljungen zu verlassen. Möge Gott uns mehr solcher Männer und Frauen schenken, damit der Sünde Einhalt geboten wird und wir der Welt ein wahrhaftiges Zeugnis sind.

I

Christus ist die Wahrheit

■ **Es gibt** nur eine Wahrheit, und die vielen Wahrheiten, die wir in der Heiligen Schrift finden, sind nur verschiedene Aspekte dieser einen Wahrheit.

Der Nachfolger Christi ist aufgerufen, die Wahrheit in ihrer Gesamtheit zu erfassen. Das heißt, er muss sein Herz für Gottes Wahrheit öffnen, und nachdem er dies getan hat, muss er bereit sein, alle sich daraus ergebenden Wahrheiten anzunehmen und keine abzulehnen. Wo eine Wahrheit die andere zu widerlegen scheint, wird der weise Christ nicht auswählen, sondern beide annehmen und auf den Tag warten, an dem Christus entwirrt, was ihm zum Problem geworden ist.

Wenn Menschen denken und ihre Gedanken auszudrücken versuchen, werden zwei Denkrichtungen klar ersichtlich: die wissenschaftliche und die poetische. Das bedeutet aber nicht, dass alle Menschen entweder Poeten oder Wissenschaftler sind. Ich meine vielmehr, dass der Sinn einiger Menschen poetisch geprägt ist, wogegen andere deutlich dazu neigen, wissenschaftlich zu denken. Vielleicht werden die einen niemals Poesie schreiben und die anderen niemals wissenschaftliche Forschungen betreiben, doch die Neigung dazu ist unwiderlegbar.

Der Wissenschaftler beschäftigt sich mit Unterschieden, der Poet mit Gleichheiten. Der Poet freut sich über ein einzelnes Sandkorn, der Wissenschaftler dagegen gibt sich mehr mit der Anzahl und der Zusammensetzung der Sandkörner ab. Ich glaube, dass dieser Unterschied nicht nur unter Menschen besteht, sondern sogar in einem jeden Menschen. Jeder von uns ist sowohl Wissenschaftler als auch Poet, bis es zur Entscheidung kommt, einer die Oberhand gewinnt und den anderen hinausdrängt. Dann haben wir entweder einen Menschen, dem es nur um Analysen geht, oder einen, der unfähig ist, Analysen zu erstellen, einen Wissenschaftler oder Poeten also – auf jeden Fall aber nur einen halben Menschen.

Unglücklicherweise findet sich diese Kontroverse zwischen Poet und Wissenschaftler unter den Menschen und innerhalb jedes Menschen auch auf dem Gebiet der Religion. Die Gemeinde Christi hat diesem Konflikt nicht ausweichen können, sondern ist von dem Zusammenspiel dieser gegensätzlichen Kräfte hin- und hergerissen worden. Starke Führungspersönlichkeiten sind erstanden und haben jahrhundertelang ganze Denominationen geprägt, und die Menge der Gläubigen hat sich zerteilt, wenn ihre Führer zerstritten waren. In einer Gruppe sind gewisse Wahrheiten ignoriert oder unterdrückt worden, um größeren Raum für andere Wahrheiten zu machen, von denen man meinte, sie seien wichtiger. In einer anderen Gruppe ist das Gleiche mit entgegengesetzten Wahrheiten geschehen. Spaltungen waren die unvermeidbare Folge davon.

Diejenigen, die ununterbrochen und begeistert die Schönheit eines Sandkorns rühmen können, haben ihre sklavischen, bedingungslos gehorsamen Anhänger, und diejenigen, die unverdrossen und zäh ihre Aufgabe darin sehen, die Sandkörner in der Welt zu zählen, haben ihre Sympathisanten. Der Charakter und die geistlichen Aussagen der beiden Gruppen sind so unterschiedlich, dass einer nicht eingeweihten, doch intelligenten Person, die zufällig eine Zeit lang in jeder Gruppe zubringt, vergeben werden muss, wenn sie daraus schließt, dass sie ihre Glaubensgrundsätze verschiedenen Bibeln entnehmen oder vielleicht sogar verschiedene Götter anbeten.

Vor einiger Zeit fiel mir ein Gesangbuch in die Hände. Es kam aus einem fernen Land und sah recht einladend aus. Erwartungsvoll öffnete ich es in der Hoffnung, dort irgendeinen seltenen Psalm, einen Choral oder ein geistliches Lied zu finden, das ich nicht kannte. Doch meine Hoffnung wurde schnell zunichte. Das Buch war von einer christlichen Gruppe der »sandkorn-zählenden« Richtung herausgebracht worden. Bald entdeckte ich, dass jedes Lied eine Lektion in lyrischer Form war, die darauf abzielte, dem Benutzer eine engstirnige, einseitige Ansicht des Christentums zu vermitteln. Der Hauch geheiligter Poesie war in dem Buch nicht zu spüren. Es erhob einen nicht auf Adlers Flügeln, sondern hielt einen starr und unerbittlich am Erdboden fest. Die neuen Lieder, die es enthielt, klangen muffig, freudlos, unschön und entsetzlich überladen von dem halben Dutzend Lieblingslehren dieser besonderen Gruppe. Am schlimmsten jedoch war, dass viele der dort enthaltenen altbekannten Lieder so verstümmelt und verwässert waren, dass man sie kaum wieder erkennen konnte. Die Herausgeber spielten nicht auf Davids Harfe, und wenn sie überhaupt Musikalität besaßen, so benutzten sie sie wie einen Schmiedehammer, um die harten, scharfkantigen Sonderlehren einhämmern zu können. Sie beabsichtigten nicht, den Sänger zu erfreuen, sondern ihn zu unterweisen und zu korrigieren.

Wenn jemand durch ein solches Buch negativ beeinflusst wird, so ist das zweifellos eine Tragödie, aber wir werden keine Abhilfe schaffen, indem wir in das gegenteilige Extrem verfallen. Wir wagen es nicht, unserer undisziplinierten Fantasie am heiligen Ort freien Lauf zu lassen. Wir wagen auch nicht, fremdes Feuer zum Altar Gottes zu bringen. Wir dürfen auf keinen Fall einem christlichen Lehrer vertrauen, der durch einen Sonnenaufgang genauso inspiriert wird wie durch das Lesen des Römerbriefs, und der einem Homer oder Shakespeare die gleiche Autorität zugesteht wie den Propheten und Aposteln der Heiligen Schrift. Es ist notwendig, dass wir beidem entfliehen: den Fesseln der Überbewertung des Wortlauts und der verantwortungslosen Freiheit rein seelischer Gefühlsduselei – dem ausschließlich wissenschaftlichen oder poetischen Denken also. Dazu müssen wir einige einfache Dinge lernen.

Worte sind nicht allein schon die Wahrheit, sondern kleine Schmuckkästchen, in denen der Edelstein der Wahrheit ruht. Gott wird uns für den Sinn der Worte und nicht nur für korrekte Texte verantwortlich machen. Wenn es schwer ist, Gott zufrieden zu stellen, so ist es dennoch leicht, ihm wohlgefällig zu sein. Liebe ist nämlich wichtiger als Dogma, obgleich zwischen beiden keine Unvereinbarkeit besteht. Liebe ohne das rechte Dogma ist Sentimentalität, und das richtige Dogma ohne Liebe ist tot. Unser Geist ist weit schweifender als unser Intellekt und kann hinter den Schleier dringen, den unsere bewussten Gedanken nicht überwinden werden. Wir können alles glauben, was Gott offenbart hat, so widersprüchlich es auch erscheinen mag, weil alle Wahrheiten sich begegnen und harmonisieren in der einen Wahrheit – und diese Wahrheit macht uns frei.

Glaube ohne Erwartung ist tot

■ **Erwartung und** Glaube gehören zwar zusammen, sind aber nicht identisch. Ein informierter, erfahrener Christ wird die beiden nie verwechseln können.

Wahrer Glaube existiert niemals allein; er wird immer von Erwartung begleitet. Der Mensch, der den Verheißungen Gottes glaubt, wartet auf ihre Erfüllung. Wo keine Erwartung ist, da ist auch kein Glaube.

Andererseits ist es jedoch möglich, dass Erwartung ohne Glaube besteht. Der Verstand ist durchaus bereit, ein starkes Wunschdenken als Glaube auszulegen, und tatsächlich wird Glaube im Allgemeinen nur als starkes Verlangen, gepaart mit fröhlichem Optimismus, hingestellt. Gewisse Schriftsteller können gut davon leben, einen so genannten Glauben zu propagieren, der »positives« Denken im Gegensatz zum Negativen erzeugen soll. Ihre Ausführungen sind den Herzen derer willkommen, die unter einem psychologischen »Glaubenszwang« stehen und daher Tatsachen nur verkraften können, wenn sie sie einfach ignorieren.

Wahrer Glaube ist nicht aus dem Stoff gemacht, aus dem die Träume sind. Vielmehr ist er robust, praktisch und äußerst realistisch. Glaube sieht zwar das Unsichtbare, keinesfalls aber das Nichtexistierende. Der Glaube beschäftigt sich mit Gott, der einen großen Realität, die allen Dingen ihr Dasein gab und noch gibt. Gottes Verheißungen entsprechen der Realität, und wer ihnen vertraut, betritt keine Scheinwelt, sondern eine Welt der Fakten.

Uns wurde gelehrt, dass man Wahrheit durch Beobachtungserfahrungen ermittelt. Was durch Experiment nachgewiesen werden kann, wird als wahr akzeptiert. Die Menschen glauben das, was ihre Sinne ihnen übermitteln. Wenn etwas wie eine Ente watschelt, wie eine Ente aussieht und wie eine Ente quakt, ist es wahrscheinlich eine Ente. Und wenn aus ihren Eiern kleine Entlein schlüpfen, ist das Testergebnis so gut wie sicher. Wahrscheinlichkeit wird zur Gewissheit: es ist eine Ente. Dies ist gewöhnlich die Art, in der wir uns mit unserer Umwelt auseinander setzen. Niemand wage ein Wort des Widerspruchs, denn wir handeln alle so. Es ist unsere Art und Weise, die Welt zu verstehen und in ihr zu leben.

Doch der Glaube stellt noch ein anderes, grundverschiedenes Element in unser Leben. »Durch den Glauben wissen wir« ist eine Aussage, die unser Wissen auf eine höhere Ebene erhebt. Der Glaube nimmt Tatsachen, die vom Himmel her offenbart worden sind, in Anspruch, und diese Tatsachen sind so geartet, dass sie auf wissenschaftliche Tests nicht reagieren. Der Christ weiß, dass etwas wahr ist, weil Gott es gesagt hat, und nicht, weil er es durch Erfahrungen belegen kann. Seine Erwartungen basieren auf dem Vertrauen in den Charakter Gottes.

Die Gemeinde Christi war in den Zeiten ihrer größten Kraft immer voller Erwartung. Wenn sie glaubte, stand sie auch in Erwartung, und ihr Herr enttäuschte sie nie. »Und selig bist du, die du geglaubt hast! Denn es wird vollendet werden, was dir gesagt ist von dem Herrn.« Jeder großen Bewegung Gottes in der Geschichte, jedem ungewöhnlichen Vormarsch der Gemeinde Jesu und jeder Erweckung ist ein Bewusstsein großer Erwartung vorausgegangen. Erwartung begleitet das Wirken des Geistes immer. Seine Gabenverleihungen überraschten sein Volk kaum, weil sie erwartungsvoll zu dem auferstandenen Heiland aufschauten und voller Vertrauen der Erfüllung seines Wortes harrten. Seine Segnungen standen mit ihren Erwartungen im Einklang.

Ein Charakterzug, der die durchschnittliche Gemeinde heutzutage prägt, ist der Mangel an Erwartungsfreude. Wenn Christen zusammenkommen, erwarten sie nicht, dass irgendetwas Ungewöhnliches geschieht; folglich geschieht auch nur das Gewöhnliche, und das Gewöhnliche ist so leicht vorauszusagen wie ein Sonnenuntergang. Eine apathische Stimmung durchdringt die Versammlung, ein Gefühl stiller Langeweile, die der Pastor mit verschiedenen Mitteln zu vertreiben versucht. Diese Mittel sind vom kulturellen Niveau der Gemeinde und besonders von dem des Geistlichen abhängig.

Einer wird den Humor zu Hilfe nehmen, ein anderer wird sich an ein Thema hängen, über das die Öffentlichkeit im Augenblick geteilter Meinung ist, wie vielleicht: »Die Versetzung des Trinkwassers mit Flupr«, »Die Todesstrafe« oder »Der Sport am Sonntag«. Ein anderer, der seine Gabe als Humorist nicht allzu hoch einschätzt und der sich nicht sicher ist, welche Seite er in den vorstehenden Streitfragen unterstützen soll, wird sich um Erwartung bemühen, indem er Zukünftiges in leuchtenden Farben darstellt: das große

Festessen (nur für Männer) in einem feudalen Restaurant am nächsten Donnerstagabend oder das Picknick mit dem Fußballspiel zwischen verheirateten und unverheirateten Männern, dessen Ergebnis der spaßhafte Pastor lieber nicht vorhersagen möchte; oder auch die kommende Premiere eines neuen »christlichen« Films, voller Sex, Gewalttätigkeit und Philosophie, allerdings ein bisschen überzuckert mit leeren Moralphrasen und dem vagen Hinweis, dass der entzückte Zuschauer wieder geboren werden sollte.

Was zu tun oder zu lassen ist, wird den Gläubigen also von denen vorgeschrieben, die eigentlich genau wissen sollten, was sie selbst unbedingt brauchen. Und dieses Planspiel wird den etwas geistlicher gesinnten Gemeindemitgliedern schmackhaft gemacht, indem man am Ende einige andächtige Worte flüstert. Das wird dann »Gemeinschaft« genannt, obwohl es kaum Ähnlichkeit mit den Taten der ersten Christen aufweist.

In vielen Gemeinden bezieht sich die Erwartung nur auf ein selbst erdachtes Programm und nicht auf die göttlichen Verheißungen. Die vorherrschenden geistlichen Zustände, auf welchem Tiefstand sie sich auch befinden mögen, werden als unvermeidbar angesehen:

»Es wird ohnehin immer so bleiben, wie es jetzt ist.« Die müden Sklaven der langweiligen Routine halten es für unmöglich, auf etwas Besseres zu hoffen.

Wir brauchen heutzutage einen neuen Geist der Vorfreude und Erwartung, der aus den Verheißungen Gottes entspringt. Wir müssen der apathischen Stimmung den Krieg erklären und uns mit kindlichem Glauben versammeln. Nur dann können wir die Schönheit und Herrlichkeit der Gegenwart des Herrn unter uns erleben.

I

Echte und falsche Demut

Für den Christen ist die Demut absolut unerlässlich. Ohne sie kann es keine Selbsterkenntnis, keine Buße, keinen Glauben und keine Erlösung geben.

Die Verheißungen Gottes wurden den Demütigen geschenkt. Der stolze Mensch verwirkt durch seinen Hochmut jeglichen Segen, der dem demütigen Herzen verheißen ist, und daher kann er aus der Hand Gottes nur Gericht erwarten.

Wir sollten jedoch nicht vergessen, dass es so etwas wie eine scheinbare Demut gibt, die sich von der wahren kaum unterscheiden lässt, und die im Allgemeinen unter Christen vorherrscht, ohne dass sie sich über deren Falschheit im Klaren sind.

Wahre Demut ist etwas Gesundes. Der demütige Mensch nimmt die Wahrheit über sich selbst an. Er weiß, dass in seiner gefallenen Natur nichts Gutes ist. Er gibt zu, dass er außerhalb von Gott nichts ist, nichts hat, nichts weiß und nichts kann. Doch dieses Wissen entmutigt ihn nicht, denn er weiß auch, dass er in Christus zu einer Persönlichkeit geworden ist. In den Augen Gottes ist er nun ein »Wertgegenstand«, und durch Christus, der ihn stärkt, vermag er alles. Somit hat er also Freiheit, alles zu tun, was für ihn im Willen Gottes liegt.

Falsche Demut ist tatsächlich nichts anderes als Hochmut mit einem anderen Gesicht. Sie wird in dem Gebet des Mannes deutlich, der sich selbst vor Gott freimütig als schwach, sündig und dumm bezeichnet, es jedoch nie verzeihen könnte, wenn seine Frau ihm dasselbe sagen würde.

Ein solcher Mann ist noch nicht einmal ein Heuchler. Das Gebet der Selbstverdammung kann ebenso aufrichtig gemeint sein wie die Verteidigung des Egos, obwohl die beiden sich zu widersprechen scheinen. Grundsätzlich gleichen sie sich in ihrem Ursprung, denn sie stammen von denselben Eltern: Egoismus ist der Vater und Selbstsicherheit die Mutter.

Der Mann, der mit hoher Selbstachtung erfüllt ist, erwartet von sich natürlich große Dinge und ist bitter enttäuscht, wenn er versagt. Der sich selbst achtende Christ hat die höchsten Ideale: er will der heiligste Mann in seiner Gemeinde sein, und am liebsten der heiligste seiner Generation. Vielleicht wird er mächtig von Gnade und Glauben predigen, während er selbst die ganze Zeit unbewusst dem Ego vertraut, das Ego fördert und für das Ego lebt.

Er hat sich hohe Ziele gesteckt, und daher erfüllt ihn jedes Versagen mit immer stärkerer Enttäuschung und Verachtung. Dann kommt der Angriff auf das Gewissen, den er irrtümlicherweise für Demut hält, der in Wirklichkeit jedoch nichts weiter als eine verbitterte Weigerung ist, sich selbst zu vergeben, weil er eines seiner Ziele nicht erreicht hat. Eine Parallele hierzu ist der stolze, ehrgeizige Vater, der in seinem Sohn den Mann zu finden hofft, der er selbst gern sein wollte, doch aus irgendwelchen Gründen nicht geworden ist, und der seinem Sohn nicht vergeben will, wenn er seinen Erwartungen nicht entspricht. Des Vaters Kummer entspringt nicht der Liebe zu seinem Sohn, sondern der Liebe zu sich selbst.

Der wahrhaft demütige Mensch erwartet keine Tugend von sich selbst und ist daher auch nicht enttäuscht, wenn er keine findet. Er weiß, dass jede gute Tat, die er vielleicht vollbringt, das Ergebnis des Wirkens Gottes in ihm ist, und wenn es einmal sein eigenes Werk sein sollte, dann weiß er doch, dass es nicht gut sein kann, so untadelig es auch erscheinen mag.

Wenn dieser Glaube so sehr Teil eines Menschen wird, dass er wie ein unbewusster Reflex wirkt, ist er frei von der Belastung, der hohen Meinung von sich selbst immer genügen zu müssen. Er kann sich entspannen und dem Heiligen Geist vertrauen. Der Schwerpunkt seines Lebens verlagert sich vom Ego auf Christus, wo er von Anfang an hätte liegen müssen, und so wird er frei, seiner Generation durch den Willen Gottes ohne die unzähligen Hindernisse der Selbstbeachtung zu dienen. Wenn ein Mensch, der nach diesen Prinzipien lebt, Gott einmal enttäuschen sollte, dann wird er es bereuen und Buße darüber tun, doch wird er seine Tage nicht damit zubringen, sich für sein Versagen ständig zu kasteien. Er wird vielmehr mit Bruder Lawrence sagen: »Ich werde nichts anderes tun, selbst wenn du mich mir selbst überlässt; du musst mein Fallen verhindern und richtig stellen, was danebengegangen ist – denn ich selbst werde mir keine Sorgen mehr darüber machen.«

Wenn wir aus dem Leben und den Schriften der Heiligen lesen, wird uns der Unterschied zwischen echter und falscher Demut so recht deutlich. Wir lesen von Augustinus und wissen, dass wir seinen Intellekt nicht besitzen; wir lesen die Schriften von Bernard von Clairvaux und fühlen eine Glut in seinem Geist, die uns fehlt; wir lesen das Tagebuch des George Whitefield und müssen zugeben, dass wir im Vergleich mit ihm blutige Anfänger und geistliche Stümper sind und dass wir trotz unseres angeblich so »geschäftigen« Lebens wenig oder gar nichts fertig bringen. Wir lesen die Briefe von Samuel Rutherford und fühlen, dass seine Liebe zu Christus der unsrigen so weit überlegen ist, dass es vermessen wäre, beide in einem Atemzug zu nennen. Gerade in diesem Augenblick beginnt die falsche Demut ihr Werk (natürlich im Namen der wahren Demut!) und zwingt uns in einer Woge von Selbstmitleid und Selbstverdammung zu Boden. Unser Egoismus wendet sich zornig gegen uns und macht uns erbitterte Vorwürfe wegen unserer Schlechtigkeit. Lasst uns hier vorsichtig sein: Was wir als Reue empfinden, kann sehr wohl eine pervertierte Form von Neid und Missgunst sein. Vielleicht werden wir diese mächtigen Männer zu sehr beneiden und daran verzweifeln, dass wir ihnen nie gleich sein werden. Dabei bilden wir uns dann ein, wir seien besonders heilig, weil wir so niedergeschlagen und entmutigt sind.

Ich bin zwei Gruppen von Christen begegnet: den Hochmütigen, die sich für demütig halten, und den Demütigen, die Angst davor haben, dass sie hochmütig sein könnten. Es sollte aber noch eine andere Gruppe geben: diejenigen nämlich, die sich selbst vergessen, alles in die Hand Christi legen und sich weigern, ihre Zeit damit zu vergeuden, sich selbst zu »veredeln«. Diese werden das Ziel garantiert weit vor den anderen erreichen.

Lasst uns das »schuldige Schweigen« brechen

■ **Einer der** großen Christen der Vergangenheit ermahnt seine Zunge in einem wohl bekannten Lied, sie solle ihr »schuldiges Schweigen« brechen und den Herrn loben.

Diese Ermahnung basiert auf folgenden Gedanken: Wenn es recht ist, Gott zu preisen und falsch, ihn nicht zu preisen, dann sündigt die Zunge, die schweigt. Dr. R. A. Torrey lehrte, dass, wenn es das höchste Gebot sei, Gott zu lieben, es folglich die größte Sünde sei, ihn nicht zu lieben. Die Sünden, Gott nicht zu loben oder zu lieben, werden »Unterlassungssünden« genannt, weil kein eigentlicher Sündenakt begangen wurde. Die Schuld liegt in dem, was *nicht* getan wurde und kann als passive (im Gegensatz zur aktiven) Schuld bezeichnet werden. Trotz ihrer Passivität ist diese Schuld aber absolut real.

Unter dem Gesetz Moses konnte sich ein Mensch versündigen, indem er einfach schwieg, wenn er genau wusste, dass es im Lager des Herrn Böses gab, und im Neuen Testament sagt uns Jakobus ganz deutlich: »Denn wer da weiß Gutes zu tun, und tut's nicht, dem ist's Sünde.« Ist es nicht ein erschreckender Gedanke, dass viele anständige, tadellose Menschen, die man wegen keiner offenkundigen bösen Handlung beschuldigen kann, sich dennoch tief schuldig machen und innerlich mit unsichtbarer Sünde besudeln können, wenn sie in bestimmten Situationen schweigen und untätig bleiben? Es gibt tatsächlich Situationen, in denen es unmoralisch ist, nichts zu sagen und noch unmoralischer, nichts zu tun.

In der Bibel wird Klugheit und Umsicht gelobt, aber für Feigheit gibt es nur den Weg der Verdammnis. Im Neuen Testament wird klar gelehrt, dass die Seele, die zu schüchtern ist, um Christus vor den Menschen zu bekennen, vor dem Vater im Himmel ebenfalls verleugnet werden wird. In diesem Zusammenhang werden die Furchtsamen dort auch in einem Atemzug mit den Ungläubigen, den Mördern, den Huren, den Zauberern und den Lügnern genannt, die alle in den feurigen Pfuhl geworfen werden. Es steht also ohne Zweifel fest, dass moralische Feigheit eine Sünde ist, eine ernste und zutiefst schädliche Sünde.

Die Furcht, die uns den Mund verschließt, wenn Glaube, Liebe und Loyalität fast danach schreien, dass wir reden, ist sicherlich Sünde und wird vor dem ewigen Richterstuhl abgeurteilt werden. Die Furcht, die uns beschleicht, wenn die Ehre Gottes und das Wohl der Menschheit auf dem Spiel stehen und nach einer mutigen Aktion verlangen, ist ein großer Frevel. Gott wird ihn nicht übersehen, und wenn man ihm nicht abschwört, wird er ihn nicht vergeben.

Die Sündhaftigkeit des Schweigens und der Untätigkeit ist keine Theorie; sie ist äußerst praktisch und kann auf jeden von uns zu jeder Zeit in irgendeiner Form einwirken. Spitzt sich eine moralische Situation derart zu, dass um der Gerechtigkeit willen Wort und Tat erforderlich werden, so wird die Theorie augenblicklich zur praktischen Realität. Wir brauchen nur still zu halten und sitzen zu bleiben, um uns zu versündigen.

Die gegenwärtigen Situationen sind schuld daran, dass Unterlassungssünden heute weit mehr verbreitet sind als zu irgendeiner anderen Zeit der Weltgeschichte. Zum ersten Mal in der Geschichte der Menschheit hat sich eine furchtbare, boshafte Ideologie zu einer Weltverschwörung organisiert, die listig, grausam, unmenschlich und fanatisch geprägt ist. Natürlich meine ich den Weltkommunismus, des Teufels arglistigste und wirksamste Imitation des Christentums bis heute. Es ist, als ob die brodelnden Kessel der Gehenna ein Leck hätten und die schädlichen Dämpfe in das Gehirn der Menschen eingedrungen wären und sie in Höhlenbewohner ohne jegliches Gewissen und Sinn für Menschlichkeit verwandelt hätten. Sie scheinen wie besessen und moralisch wahnsinnig geworden zu sein, wie es sonst auf der Welt nirgends bekannt ist. Diese Menschen, obgleich zahlenmäßig in der Minderheit, stellen eine so ernste und tödliche Bedrohung für die Welt dar, dass es kein vergleichbares Beispiel dafür gibt.

Kann ein intelligenter, informierter Mensch den Mund halten, wenn wir unter dem Schatten eines derart großen Übels stehen? Wie kann ein Mitglied der nicht kommunistischen Welt unbeteiligt bleiben und zusehen, wie jeder Wert, der den Menschen vom Tier unterscheidet, zerstört und jede geistliche Qualität, die das Leben wertvoll macht, ausgelöscht wird? Der Staatsmann, der sich weigert, Partei zu ergreifen, macht dadurch seinen Standpunkt sehr deutlich. Seine Toleranz kennzeichnet ihn als Verräter seines Landes und der menschlichen Rasse im Allgemeinen.

So ernst all dies auch sein mag – es gibt noch etwas Ernsteres. Ich meine das Problem, dass niemand Partei ergreift und offen dagegen angeht, wenn der Feind selbst in das Heiligtum eindringt und die heilige Stätte besudelt. So kostbar menschliche Werte auch sein mögen – Werte wie Freiheit, Recht und die Würde des Einzelnen –, die göttlichen Werte sind unendlich kostbarer. So hoch wie der Himmel über der Erde ist, so viel größer sind die geistlichen Schätze, die uns durch die Inspiration des Heiligen Geistes offenbart und durch das Blut des ewigen Bundes zugesichert worden sind. Die Weisheit Gottes, wie sie in der Botschaft und Praxis der erlösenden Offenbarung enthalten ist, geht über ein königliches Lösegeld hinaus. »Denn es ist besser, sie zu erwerben, als Silber; und ihr Ertrag ist besser als Gold. Sie ist edler denn Perlen, und alles, was du wünschen magst, ist ihr nicht zu vergleichen. Langes Leben ist zu ihrer rechten Hand; zu ihrer Linken ist Reichtum und Ehre. Ihre Wege sind liebliche Wege, und alle ihre Steige sind Friede.« (Sprüche 3, 14–17)

Zu dieser späten Stunde an der Uhr der Weltgeschichte befindet sich die ganze christliche Religion in einem derart schwankenden Zustand, dass die Gemeinde Christi in großer Gefahr steht, alle kostbaren Schätze zu verlieren. Ihr Gold wird ihr zu Kupfer werden und ihre Diamanten zu Glas. Der Glaube Kains ist auf dem Vormarsch – allerdings marschiert er unter dem Banner des Kreuzes. Sogar auf die Christen, die sich als bibelgläubig bezeichnen, hat die Bibel im Wesentlichen keinen Einfluss mehr. Romane, Filme, Scherze, Possenreißen, religiöse Unterhaltung, Hollywood-Idole, großprotzige Geschäftstechniken und billige weltliche Philosophien überschwemmen jetzt das Heiligtum. Der betrübte Heilige Geist schwebt zwar noch über diesem ganzen Chaos, doch sein Licht kann nicht hervorbrechen. So genannte »Erweckungen« kommen, ohne auf den Widerstand der organisierten Sünde zu stoßen und ebben wieder ab, ohne das moralische Niveau der Gemeinde gehoben oder ihr Leben vom Scheinchristentum gereinigt zu haben. Warum?

Könnte es nicht sein, dass zu viele der Kinder Gottes und besonders die Prediger durch »schuldiges Schweigen« gegen Gott sündigen? Wenn diejenigen, deren Augen durch Christi Berührung geöffnet wurden, auch ihren Mund auftun und aktiv werden, kann Gott wieder durch die Wahrheit Siege erringen. Ich, zum Beispiel, warte sehr darauf, die Stimmen von Propheten und Reformatoren über einer trägen und schläfrigen Christenheit wieder erschallen zu hören.

Diese Mutigen werden sicher einen Preis für ihre Kühnheit bezahlen müssen, doch die Ergebnisse werden den Preis rechtfertigen.

I

Der Christ und das Geld

■ **Das Problem** »Der Gläubige und sein Geld« ist derart verwickelt und vertraulich, dass man nur zögernd an dieses Thema herangeht. Andererseits aber ist es von so großer Wichtigkeit, dass einer, der als guter Diener Christi gelten möchte, diese Frage nicht umgehen kann, wenn er nicht am Tage des Gerichts zur Verantwortung gezogen und für zu leicht befunden werden will. Man sollte das Problem nur im Licht der Heiligen Schrift angehen, und das Volk Gottes wird jedem Mann dankbar sein, der den Mut besitzt, es offen zu behandeln.

Vier Erwägungen sollten unser christliches Geben beherrschen:

1. dass wir systematisch geben, 2. dass wir aus richtigen Motiven geben, 3. dass wir genug im Verhältnis zu unserem Besitz geben, 4. dass wir an die richtigen Stellen geben.

Zum Ersten sollten wir also darauf achten, dass wir dem Herrn regelmäßig von unseren Mitteln geben. Es ist sehr leicht, in die Gewohnheit zu verfallen, das zu vergessen. Wir reden uns ein, dass es uns im Moment nicht möglich ist zu geben, aber wenn es uns finanziell besser gehen sollte, würden wir mit unserem Geben nachkommen. Vielleicht sind wir sogar überzeugt, dass wir, obwohl wir nicht systematisch geben, viel mehr als nur den Zehnten opfern. Dies sind sichere Wege, uns selbst zu betrügen. Vereinzeltes, unsystematisches Geben hat die Eigenschaft, weit umfangreicher zu erscheinen, als es tatsächlich ist. Wir würden wahrscheinlich ziemlich schockiert sein, wenn wir einmal zusammenrechneten, wie wenig wir auf diese Art wirklich geben.

Zum Zweiten müssen wir aus den richtigen Motiven geben. Geld, das einer Gemeinde oder Missionsgesellschaft gegeben wird, kann für den Geber verlorenes Geld sein, wenn er sich nicht ganz sicher darüber ist, dass er es von Herzen gern gibt. Gaben, die nicht von Herzen kommen, mögen dem Empfänger wohl zugute kommen, doch steht es fest, dass sie dem Geber keine Belohnung eintragen. »Und wenn ich alle meine Habe den Armen gäbe ... und hätte der Liebe nicht, so wäre mir's nichts nütze.«

Dann ist es auch wichtig, dass wir genug im Verhältnis zu unserem Besitz geben. Die Geschichte der armen Witwe mit den zwei Groschen macht das sehr deutlich. Die Witwe gab aus ihrer »Armut«, und obwohl ihre Gabe klein war, bedeutete sie in den Augen Gottes einen weitaus größeren Schatz als die ungeheuren Summen, die von den Reichen »aus ihrem Überfluss« gegeben wurden. Dies ist eine ernste Warnung, und wir tun gut daran, sie zu beachten.

Wir Menschen richten »nach dem, was vor Augen ist«, und sind geneigt, von einer großen Gabe viel Aufhebens zu machen, während wir die kleine keines Blickes würdigen. Mit dieser Einstellung werden wir aber am Tage Christi eine unangenehme Überraschung erleben. Der sicherste Maßstab, um unser Opfer richtig einzuschätzen und unsere Erwartungen für den Tag der Vergeltung und des Lohns zu bestimmen, ist dieser: *Mein Geben wird mir nicht nach dem vergolten, wie viel ich gegeben habe, sondern nach dem, wie viel ich zurückbehalten habe.* Manchmal sind die Prediger versucht, dieses Thema zu umgehen, weil sie Angst haben, die wichtigen Geber in der Gemeinde zu beleidigen. Doch ist es besser, Menschen zu beleidigen, als den segensreichen Geist Gottes zu betrüben, der in der Gemeinde wohnt. Kein Mensch hat es je fertig gebracht, eine lebendige Gemeinde zu töten, indem er ihr seine Gaben aus persönlichem Groll entzog. Die Gemeinde des Erstgeborenen ist von der Gönnerschaft der Menschen nicht abhängig. Niemand ist es jemals gelungen, einer Gemeinde zu schaden, weil er sie finanziell boykottierte. In dem Augenblick, in dem wir unsere Besorgnis äußern, vielleicht das Missfallen fleischlicher Geber in der Gemeinde erregt zu haben, geben wir auch zu, dass die Gemeinde nicht vom Himmel, sondern von der Welt ist. Eine himmlische Gemeinde wird sich eines himmlischen und übernatürlichen Wohlstands erfreuen. Man kann sie nicht aushungern. Der Herr wird für ihre Bedürfnisse sorgen.

Dass wir unsere Gaben vernünftig verteilen, ist ebenfalls von größter Wichtigkeit, wenn wir unserem himmlischen Vater gefallen möchten und unsere Gaben vor dem Urteil, sie seien »Holz, Heu und Stoppeln«, beim Kommen unseres Herrn bewahren wollen.

Die Frage, wohin man geben soll, ist ebenso bedeutend, und wir sollten sie niemals leichtfertig zu beantworten versuchen. Das unbedachte, unüberlegte und voreingenommene Geben mancher evangelikaler

Christen vergeudet jährlich Millionenbeträge geheiligten Geldes. Viele Gläubige werfen mit ihrem Geld herum, als würden sie ganz vergessen, dass sie dem Herrn dafür Rechenschaft ablegen müssen. Sie haben Gott in punkto Geben nicht befragt, also fallen sie jedermann zum Opfer, der zufällig mit einer interessanten Geschichte daherkommt. Auf diese Art wird religiösem Firlefanz zum Wachstum verholfen, unnützen Dingen, die noch nicht einmal einen einzigen Pfennig von ernsthaften, gottesfürchtigen Menschen bekommen sollten.

Ich bin mir durchaus dessen bewusst, dass die Erwiderung auf das oben Erwähnte die höfliche Bitte sein könnte, ich sollte in meinem eigenen Topf rühren und den Leuten doch gestatten zu geben, wohin sie wollen. Schließlich gehört das Geld ja ihnen, und was sie damit tun, ist ihre eigene Sache. Aber so einfach ist das nicht. Wenn wir für jedes überflüssige Wort Rechenschaft ablegen müssen, werden wir ohne Zweifel auch für jede überflüssige Mark zur Verantwortung gezogen werden. Unregelmäßiges, launenhaftes und unbedachtes Geben ohne ernstes Gebet wird Gott an dem Tag gerecht überprüfen, an dem er jedes Werk der Menschen richten wird. Wir sollten diese Angelegenheit jetzt schon in Ordnung bringen. Sehr bald wird es zu spät dafür sein.

I

Die Gefahren der Freiheit

Freiheit ist unbezahlbar. Wo sie vorhanden ist, da macht das Leben Freude. Wenn sie fehlt, ist das Leben gänzlich unerfreulich, man kann es sogar kaum ertragen.

Obgleich Millionen ihr Leben für die Freiheit gelassen haben und alle nur Gutes über sie zu berichten wissen, ist sie doch von ihren Verfechtern völlig missverstanden und im Hause ihrer Freunde schwer verwundet worden. Ich meine, das Problem liegt darin, dass wir zwischen Freiheit und Freizügigkeit nicht zu unterscheiden vermögen. Beide sind zwar Schwestern, aber keine eineiigen Zwillinge.

Freiheit ist begrenzte Freizügigkeit: Freizügigkeit, heiligen Gesetzen zu gehorchen; Freizügigkeit, die Gebote Christi zu halten, der Menschheit zu dienen und alle Möglichkeiten unseres erlösten Wesens voll auszuschöpfen. Wahre christliche Freizügigkeit gibt uns niemals das Recht, uns unseren Begierden hinzugeben oder unseren gefallenen Lüsten zu folgen.

Der Wunsch nach uneingeschränkter Freiheit führte Luzifer ins Verderben und bewirkte die Vernichtung der sündigen Engel. Sie suchten die Freiheit; und um sie zu erreichen, verwarfen sie die herrliche Freizügigkeit, die darin liegt, den Willen Gottes tun zu dürfen. Die menschliche Rasse beging dann später denselben tragischen moralischen Fehler.

Jedem, der sich die Mühe macht, ein wenig nachzudenken, sollte es klar werden, dass es eine absolute Freiheit im Universum nicht geben kann. Nur Gott ist wirklich frei. Es ist im Schöpfungsgedanken festgelegt, dass die menschliche Freiheit durch den Willen des Schöpfers einerseits und das Wesen des Erschaffenen andererseits begrenzt sein muss. Die Herrlichkeit des Himmels ist ein Charakterzug der Freiheit, über den sich jetzt schon viele freuen dürfen. Das riesige Heer der Engel, die Versammlung der Heiligen, die Gemeinde des Erstgeborenen und die Seelen der gerechten Menschen, die schon zubereitet sind, genießen die völlige Freizügigkeit, das ganze weite Spektrum des Willens Gottes erfüllen zu dürfen. Diese Freizügigkeit sichert ihnen ein unendlich größeres Maß an Glückseligkeit zu, als jede andere uneingeschränkte Freiheit es tun könnte.

Uneingeschränkte Freiheit ist auf jedem Gebiet menschlichen Lebens tödlich. In der Regierung führt sie zur Anarchie, im Familienleben zum Ehebruch und in der Religion zur Gesetzlosigkeit. Die freiesten Zellen im Körper sind die Krebszellen, doch wenn sie wachsen, töten sie den Organismus. Eine gesunde Gesellschaftsordnung erfordert, dass ihre Mitglieder eine eingeschränkte Freiheit akzeptieren. Jeder muss seine Freizügigkeit beschneiden, damit alle frei sein können, und dieses Gesetz zieht sich durch das gesamte erschaffene Universum, das Königreich Gottes eingeschlossen.

Zu viel Freizügigkeit stärkt nicht, sondern schwächt und tötet. Das Weizenkorn kann nur Frucht hervorbringen, wenn es seine Freiheit aufgibt und sich den Gesetzen der Natur beugt. Das Rotkehlchen mag den ganzen Sommer herumfliegen und seine Freiheit genießen, doch wenn es ein Nest voll von kleinen Rotkehlchen haben möchte, muss es wochenlang wie ein freiwilliger Gefangener still sitzen, während sich unter seinen weichen Federn das Geheimnis des Lebens entfaltet. Es hat die Wahl: frei und unfruchtbar zu sein oder seine Freiheit zu beschränken und Junge auszubrüten.

Jeder Einzelne muss sich in einer freien Gesellschaft entscheiden, ob er seine Freizügigkeit ausnutzen will oder sie um intelligenter, moralischer Ziele willen beschneiden lässt. Er kann die Verantwortung eines Geschäfts oder Berufs und einer Familie auf sich nehmen und somit der Menschheit nützlich sein, oder er kann alle Verpflichtungen meiden und in der Gosse enden. Der Vagabund ist freier als ein Präsident oder König, doch seine Freiheit richtet ihn zu Grunde. Obwohl er am Leben ist, bleibt er gesellschaftlich isoliert, und wenn er stirbt, hinterlässt er nichts, was der Welt nützt.

Der Christ ist gegen die Gefahren der Freizügigkeit nicht gefeit. Er ist natürlich frei, doch gerade diese Freiheit kann für ihn zu einer großen Versuchung werden. Er ist frei von den Ketten der Sünde, frei von den moralischen Folgen böser Taten, die jetzt vergeben sind, frei vom Fluch des Gesetzes und vom Zorn Gottes. Gnade hat ihm die Gefängnistore geöffnet, und er kann, wie Barabbas in alten Zeiten, frei ausgehen, weil ein anderer an seiner Statt starb.

All dies weiß der wohl informierte Christ und protestiert dagegen, sich von falschen Lehrern und fehlgeleiteten Frömmlern ein Joch der Knechtschaft auferlegen zu lassen. Doch was soll er jetzt mit seiner Freiheit tun? Zwei Möglichkeiten bieten sich an. Er kann seine mit Blut erkaufte Freiheit als Mäntelchen für ein fleischliches Leben benutzen, wie es uns im Neuen Testament an warnenden Beispielen gezeigt wird, oder er kann sich wie ein Kamel niederknien, um freiwillig eine Bürde auf sich zu nehmen. Was ist das nun für eine Bürde? Das Leid seiner Mitmenschen, das er so viel wie möglich lindern helfen muss; die Verpflichtung, die er wie Paulus der verlorenen Welt gegenüber hat; das Schreien hungriger Kinder in der Nacht; die Gemeinde in der babylonischen Gefangenschaft; der enorme Ansturm falscher Lehrmeinungen und der Erfolg falscher Propheten; der langsame moralische Verfall so genannter christlicher Nationen – und was sonst noch verlangt wird an Opfern, Kreuztragen, langem Gebetswachen und mutigem Zeugnis.

Das Christentum ist die Religion der Freiheit, und die Demokratie ist Freiheit in der organisierten Gesellschaft. Wenn wir die Freiheit allerdings weiterhin missverstehen, dann werden wir bald weder Christentum noch Demokratie haben. Um politische Freizügigkeit zu erhalten, müssen sich die Menschen freiwillig eine Verpflichtung auferlegen; um die Religion der Erlösung durch unverdiente Gnade zu bewahren, müssen viele Christen ihr Recht aufgeben, frei zu sein und sich willig eine Bürde aufladen, die schwerer ist als alles, was sie vorher getragen haben.

Wenn der Staat in Gefahr ist, kann er Männer zum Dienst verpflichten, die für seine Freiheit kämpfen, aber in der Armee des Herrn gibt es keinen Wehrdienst. Wer das Kreuz tragen will, muss es aus freiem

Entschluss auf sich nehmen. Keine Macht kann uns zwingen, die Hungrigen zu speisen, den Verlorenen zu predigen, für eine Erweckung zu beten oder uns selbst um Jesu oder der leidenden Menschheit willen zu opfern.

Der ideale Christ ist derjenige, der weiß, dass er zur Freiheit berufen ist, um zu tun, was sein Herz ihm sagt: zu dienen. Das ist der Weg, den Christus einschlug. Gesegnet ist der Mensch, der ihm folgt.

I

Ist diese Welt ein Kampffeld oder ein Spielplatz?

■ **Manche Dinge** haben für uns nicht nur einen Realitätswert, sondern sind darüber hinaus noch das, wofür wir sie halten. Daraus könnte man folgern, dass unsere Einstellung zu den Dingen auf lange Sicht gesehen wahrscheinlich viel wichtiger ist als die Dinge selbst.

Wie die Erfahrung lehrt, ist dies eine allgemein bekannte Weisheit. Aber sie trägt auch den Stempel der Wahrheit und darf somit nicht – nur weil sie allgemein bekannt ist – beiseite gelegt werden.

Es ist seltsam, dass eine Tatsache unverändert bleiben kann, während sich die Interpretation dieser Tatsache durch die Generationen und mit den Jahren wandelt.

Eine solche Tatsache ist die Welt, in der wir leben. Sie existiert seit Jahrtausenden und ist heute noch existent. Sie ist eine Realität, die sich im Laufe der Zeit nicht viel verändert hat, und doch haben wir als moderne Menschen heute eine ganz andere Meinung von ihr als noch unsere Väter. Daraus wird ersichtlich, wie groß die Macht der Interpretation ist. Die Welt ist für uns alle nicht nur das, was sie ist – sie ist auch das, wofür wir sie halten. Die Macht und die Auswirkung unserer Interpretation ist also nicht zu unterschätzen.

Selbst wenn ich in der Geschichte nicht weiter zurückgehe als bis zur Gründung und ersten Entwicklung Amerikas, sehen wir doch den enormen Unterschied zwischen unserer modernen Einstellung und derjenigen unserer Vorväter. Früher, als das Christentum noch einen beherrschenden Einfluss auf das Denken der Amerikaner ausübte, sahen die Menschen die Welt als ein Kampffeld. Unsere Väter glaubten an die Sünde, den Teufel und die Hölle als eine zusammengeballte Macht; und sie glaubten an Gott, Gerechtigkeit und den Himmel als die andere Macht, die sich gegenseitig mit tiefer, ernster und unversöhnlicher Feindseligkeit bekämpften. Der Mensch, so unsere Väter, musste sich für eine Seite entscheiden. Er konnte nicht neutral bleiben. Für ihn musste es Leben oder Tod, Himmel oder Hölle geben, und wenn er erwählte, auf Gottes Seite zu treten, musste er sich auf einen offenen Kampf mit den Feinden Gottes einstellen. Der Kampf würde unerbittlich und tödlich sein und das ganze Leben lang andauern. Die Menschen sehnten sich nach dem Himmel wie jemand, der aus dem Krieg heimkehrt und sein Schwert niederlegt, um den Frieden zu genießen.

Die Predigten und Lieder hatten in jenen Tagen oft einen kriegerischen Ton, manchmal sogar eine Spur von Heimweh. Der christliche Streiter dachte an zu Hause, an Ruhe und Wiedersehen, und seine Stimme wurde lauter, wenn er das Ende des Kampfes und den Sieg besang. Doch ob er sich den Kanonen des Feindes entgegenwarf oder von des Vaters Willkommensgruß träumte, so vergaß er doch nie, in welcher

Welt er lebte. Sie war ein Kampffeld, und der Verwundeten und Erschlagenen waren viele.

Diese innere Haltung ist ohne Frage die schriftgemäße. Abgesehen von den vielen Sinnbildern, die sich in der Bibel darauf beziehen, ist es ohnehin eine durchaus solide Bibellehre, dass ungeheure geistliche Kräfte in der Welt vorhanden sind und der Mensch auf Grund seiner geistlichen Natur mitten im Kampf steht. Die bösen Mächte sind darauf aus, ihn zu zerstören, während Christus da ist, um ihn durch die Macht seines Evangeliums zu retten. Um Befreiung zu finden, muss er im Glauben und Gehorsam auf Gottes Seite treten. Das ist, kurz gesagt, der Glaube unserer Väter gewesen. Ich meine, dies ist auch der schriftgemäße Glaube.

Wie anders ist das heute. Die Tatsache ist immer noch dieselbe, doch die Interpretation hat sich völlig geändert. Die Menschen halten die Welt nicht für ein Kampffeld, sondern für einen Spielplatz. Wir sind nicht hier, um zu kämpfen, sondern um herumzutollen. Wir befinden uns nicht in einem fernen Land, sondern wir sind zu Hause. Wir bereiten uns nicht aufs Leben vor, sondern wir leben jetzt schon und tun gut daran, uns von unseren Hemmungen und Frustrationen zu befreien, um dieses Leben voll auszukosten. So könnte man in wenigen Worten die religiöse Philosophie des modernen Menschen umreißen, zu der sich Millionen offen bekennen und die stillschweigend von weiteren Millionen hingenommen wird, die wohl danach leben, es aber nicht zugeben wollen.

Diese veränderte Einstellung der Welt gegenüber hat natürlich auf Christen einen Einfluss, selbst auf evangelikale Christen, die nach der Bibel zu leben vorgeben. Durch ein seltsames Hin- und Herjonglieren der biblischen Tatsachen kommen sie in ihrem Leben zwar zu einem falschen Ergebnis, behaupten aber, die richtige Antwort zu wissen. Es klingt unglaublich, aber es stimmt.

Dass diese Welt kein Kampffeld, sondern ein Spielplatz sein soll, haben schon unzählige evangelikale Christen in die Praxis umgesetzt. Sie reden gern um den heißen Brei herum, wenn sie offen Stellung beziehen sollen, und besonders ihr Benehmen verrät sie. Sie stehen auf beiden Seiten, d. h., sie freuen sich an Christus und gleichzeitig an der Welt. Sie erzählen jedem fröhlich, dass es nicht erforderlich sei, den Spaß aufzugeben, wenn man Jesus annimmt, und dass Christsein so ungefähr das Netteste sei, das man sich denken könnte.

Der »Gottesdienst«, der sich aus dieser inneren Haltung ergibt, ist von der Wahrheit weit entfernt. Er ist nicht mehr als eine Art heiliges Nachtklubleben, allerdings ohne Champagner und lärmende Betrunkene.

Diese Unsitte hat in jüngster Zeit solche Ausmaße angenommen, dass es die Pflicht und Schuldigkeit eines jeden Christen ist, seine geistliche Einstellung im Licht der Bibel zu überprüfen. Wenn er dann den schriftgemäßen Weg findet, sollte er ihm folgen, auch wenn er sich von vielem trennen muss, was er früher als richtig akzeptierte, doch das er jetzt im Licht der Wahrheit als falsch erkennt.

Eine richtige Vorstellung von Gott und der zukünftigen Welt erfordert auch, dass wir die richtige Vorstellung von der Welt haben, in der wir jetzt leben. Es hängt zu viel davon ab, dass wir uns gerade hierbei biblisch orientieren – Sorglosigkeit ist fehl am Platze.

I

Wir werden zu dem, was wir lieben

»**Um ein** anderer zu sein, der ich bin, muss ich aufgeben, dass ich bin.« (Chrysostomus)

Wir befinden uns alle im Wachstumsprozess. Von dem, was wir waren, sind wir zu dem geworden, was wir jetzt sind und bewegen uns auf das zu, was wir sein werden.

Dass unser Charakter nicht aus fester, sondern veränderbarer Substanz besteht, ist an sich kein beunruhigender Gedanke. Tatsächlich kann der Mensch, der sich selbst kennt, großen Trost in dem Gedanken finden, dass er in seinem gegenwärtigen Zustand nicht festgelegt ist. Er braucht sich seiner Vergangenheit nicht mehr zu schämen, weil er ja »nach Herzenswunsch« umgewandelt werden kann.

Der beunruhigende Gedanke ist also nicht, dass wir im Wachstumsprozess sind, sondern *was* wir letztlich werden; nicht, dass wir uns bewegen, sondern *worauf* wir uns zubewegen. Es liegt nicht im Wesen des Menschen, sich auf horizontaler Ebene zu bewegen; wir steigen entweder auf oder nieder. Wenn ein menschliches Wesen sich von der einen zur anderen Position begibt, dann muss es immer zum Schlechten oder zum Guten sein. Dies hängt mit einem geistlichen Gesetz zusammen, das in der Offenbarung steht: »Wer böse ist, der sei fernerhin böse, und wer unrein ist, der sei fernerhin unrein; aber wer fromm ist, der sei fernerhin fromm, und wer heilig ist, der sei fernerhin heilig.« (Offb 22, 11)

Wir befinden uns nicht nur im Wachstumsprozess, sondern wir werden auch zu dem, was wir lieben. Bis zu einem großen Maße sind wir die Summe unserer verschiedenen Neigungen, und folglich werden wir in das Image hineinwachsen, das wir am meisten lieben. Liebe hat nämlich unter anderem auch eine kreative Affinität: sie verändert, formt, bildet und verwandelt. Sie ist zweifellos die wirksamste Kraft, die das menschliche Wesen beeinflusst, wenn wir einmal das Handeln des Geistes Gottes in der Seele außer Acht lassen.

Was wir deshalb lieben, ist keine unbedeutende Sache, über die man leicht hinweggeht, sondern es ist von realer, äußerst bedenkenswerter und ewiger Wichtigkeit. Es bestimmt unsere Zukunft, lehrt uns, was wir sein werden, und sagt somit unser ewiges Geschick voraus.

Das Falsche zu lieben, ist für das geistliche Wachstum verhängnisvoll. Es verdreht und entstellt das Leben und verhindert die Verklärung des Bildes Christi in der Seele. Nur wenn wir das Rechte lieben, werden wir richtig geleitet, und nur wenn wir auch weiterhin in dieser Liebe bleiben, werden wir eine langsame, doch fortwährende Umwandlung in das Bild und die Tugenden Christi erleben.

Hiermit haben wir zum Teil (aber nur zum Teil) eine vernünftige Erklärung für das erste und größte

Gebot: »Du sollst den Herrn, deinen Gott, lieb haben von ganzem Herzen, von ganzer Seele, von allem Vermögen.«

Wie Gott zu werden, ist das oberste Gebot aller moralischen Kreaturen. Es muss so sein, denn allein aus diesem Grunde wurden sie geschaffen, und ohne das kann es keine Erklärung für ihr Dasein geben.

Wir gehen im Moment nicht auf die unvergleichlich schönen himmlischen Geschöpfe ein, von denen wir, obwohl die Bibel sie oft erwähnt, eigentlich sehr wenig wissen, und konzentrieren uns ganz auf unsere gefallene Menschenrasse. Einst zum Bilde Gottes erschaffen, behielten wir unseren ursprünglichen Zustand nicht, sondern verließen unsere rechtmäßige Wohnstatt, machten mit Satan gemeinsame Sache und gingen auf dem Weg dieser Welt dem Fürsten nach, der in der Luft herrscht und der auch heute noch sein Werk in den Kindern des Unglaubens hat. Aber Gott, der reich an Barmherzigkeit ist, hat durch seine große Liebe, obwohl wir tot waren in Sünden, eine Versöhnung für uns geschaffen. Das großartige Erlösungswerk Christi ist nicht dazu da, uns vor der Hölle zu retten, sondern um uns wieder Gott ähnlich zu machen. Das wird in Römer 8 klar zum Ausdruck gebracht: »Denn welche er zuvor ersehen hat, die hat er auch verordnet, dass sie gleich sein sollten dem Ebenbilde seines Sohnes.« (Vers 29)

Obwohl die völlige Verwandlung in das göttliche Bild auf den Tag der Wiederkunft Christi wartet, geht das Werk der Wiederherstellung schon jetzt vor sich. Es findet eine langsame, doch stetige Umwandlung des Rohmaterials der menschlichen Natur in das Gold der Gottähnlichkeit statt, die durch den glaubenden Blick der Seele in das Angesicht Jesu Christi bewirkt wird (2. Kor 3, 18).

An dieser Stelle werden wir mit einem Problem konfrontiert und müssen versuchen, es aus dem Wege zu räumen. Es ist ein Problem, das sich aus einer irrtümlichen Auffassung von Liebe ergibt und auf folgenden Thesen basiert: Die Liebe ist launisch, unberechenbar und geht über unseren Machtbezirk hinaus. Sie wird entfacht, brennt lichterloh, und kann kurze Zeit später von selbst erlöschen. Wie können wir unsere Liebe kontrollieren? Wie können wir sie auf wirkliche Wertobjekte richten? Und insbesondere, wie können wir sie zwingen, sich auf Gott zu richten, dem wichtigsten und unveränderbarsten Objekt aller Hingabe?

Wäre die Liebe tatsächlich unberechenbar und außerhalb unserer Kontrolle, so könnte es auf diese Fragen keine befriedigende Antwort geben, und unsere Aussichten wären hoffnungslos. Die einfache Wahrheit ist jedoch, dass die geistliche Liebe nicht die kapriziöse und verantwortungslose Gemütsbewegung ist, für die manche Menschen sie fälschlicherweise halten. Sie ist vielmehr ein Diener des Willens und muss dorthin gehen, wohin sie gesendet wird und tun, was ihr gesagt wird. Der romantische Ausdruck »sich verlieben« hat viele Menschen auf den Gedanken gebracht, dass sie unschuldige Opfer der Pfeile Amors sind und keine Kontrolle über ihre Neigungen haben können. Der moderne Durchschnittsbürger erwartet, sich nach dem romantischen Vorbild Oberons und Titanias zu verlieben und von einem wahren Wirbelsturm überschäumenden Gefühls hinweggefegt zu werden. Unbewusst übertragen wir diese Ansicht von Liebe auf unser Verhältnis zu unserem Schöpfer und fragen: Wie können wir uns dazu bringen, Gott am allermeisten zu lieben?

Die Antwort darauf und auf alle damit zusammenhängenden Fragen ist, dass die Liebe, die wir für Gott empfinden, nicht die Liebe des Gefühls ist, sondern die Liebe des Willens. Liebe untersteht unserem freien Willen, sonst würde uns nicht geboten werden, Gott zu lieben, und wir würden auch nicht zur Rechenschaft gezogen werden, wenn wir ihn nicht lieben.

Das Übernehmen der romantischen Liebesideale in unser Verhältnis zu Gott hat in unserem Christenleben erheblichen Schaden angerichtet. Die Idee, dass wir uns in Gott »verlieben« sollten, ist unedel, nicht schriftgemäß und unwürdig – sie würde den Allmächtigen auch keinesfalls ehren. Wir lieben Gott nicht dadurch, dass wir uns ihm plötzlich so »verbunden« fühlen. Die Liebe zu Gott entsteht durch Buße, Zurechtbringung des Lebens und den festen Vorsatz, ihn zu lieben. Je weiter Gott in den Mittelpunkt unseres Herzens rückt, desto stärker wird unsere Liebe zunehmen und aufwallen wie eine Flut, die alles andere hinwegreißt.

Auf dieses intensive Gefühl sollten wir allerdings nicht warten. Wir sind nicht für die möglichen Empfindungen verantwortlich, sondern für unsere Liebe zu ihm, und wahre geistliche Liebe beginnt im Willen. Wir sollten unsere Herzen dahin bringen, dass sie Gott über alle Maßen lieben, so kalt und hart sie auch sein mögen, und unsere Liebe durch aufmerksamen und frohen Gehorsam seinem Wort gegenüber bestätigen. Ein freudiges Gefühl wird sicherlich darauf folgen. Vogelgesang und Blüten machen den Frühling nicht aus, doch sind sie ein sicheres Anzeichen dafür, dass der Frühling gekommen ist.

Ich möchte mich beeilen, hier alle Sympathien mit dem so populären »Erlösung-durch-Willenskraft«-Kult zu leugnen. Ich stehe in radikalem Widerspruch zu allem Schein-Christentum, das abhängig ist von der »latenten Kraft in uns« oder dem Glauben an »kreatives Denken«, anstatt an die Macht Gottes. Alle diese religiösen »Kartenhaus-Philosophien« brechen an derselben Stelle zusammen – bei der irrtümlichen Annahme nämlich, dass der Strom der menschlichen Natur dazu gebracht werden kann, rückwärts den Berg hinaufzufließen. Das geht natürlich nicht. »Erlösung ist vom Herrn.«

Um erlöst zu werden, muss ein verlorener Mensch praktisch körperlich von der Kraft Gottes aufgehoben und auf eine höhere Ebene gestellt werden. Erst wenn ihm durch das Wunder der Wiedergeburt göttliches Leben zuteil geworden ist, treffen die Worte des Apostels auf ihn zu: »Nun aber spiegelt sich in uns allen des Herrn Klarheit mit aufgedecktem Angesicht, und wir werden verklärt in dasselbe Bild von einer Klarheit zu der andern, als vom Herrn, der der Geist ist.« (2. Kor 3,18)

Es ist hier hoffentlich klar geworden, dass die menschliche Natur in einem Umwandlungsprozess begriffen ist und zu dem wird, worauf sie fixiert ist. Männer und Frauen werden von ihren Wünschen geformt, von ihren Neigungen bestimmt und von der Vielseitigkeit ihrer Interessen total verändert. In der verdorbenen Welt des alten Adams kommt es deswegen tagtäglich zu Tragödien, die ungeahnte Ausmaße annehmen können. Denken Sie doch an die Macht, die aus unschuldigen, rotwangigen Jungen Männer wie Nero oder Himmler werden ließ! Und war Isebel immer die »Verfluchte«, deren Schädel und Hände sich sogar die Hunde zu fressen weigerten? Nein, einst träumte sie ihre unschuldigen Mädchenträume und errötete beim Gedanken an den ersten Kuss. Doch bald gewann sie ein Interesse an bösen Dingen, bewunderte sie und begann sie schließlich zu lieben. Von da an übernahm das Gesetz der moralischen Affinität die Zügel, und Isebel wurde, wie Ton in der Hand des Töpfers, zu dem entstellten, hasserfüllten Wesen, das die Kämmerer später zum Fenster hinauswarfen.

Unser himmlischer Vater hat für seine Kinder die richtigen, bewunderungswürdigen und liebenswerten Objekte bereit. Man könnte sie mit den Farben des Regenbogens vergleichen, die den göttlichen Thron umgeben. Sie sind nicht Gott selbst, doch sie sind nahe bei Gott. Wir können ihn nicht lieben, ohne sie zu lieben, und je mehr wir sie lieben, um so inniger wird unsere Gemeinschaft mit dem Vater sein. Welches sind diese »Regenbogenfarben«?

Die erste ist *Gerechtigkeit.* Unser Herr Jesus liebte Gerechtigkeit und hasste Ungerechtigkeit (Hebr 1, 9), und aus diesem Grund salbte Gott ihn mit dem Öl der Freude. Hier wird uns das rechte Vorbild gegeben. Zu lieben bedeutet auch zu hassen. Das Herz, das sich zur Gerechtigkeit hingezogen fühlt, wird auch in gleichem Maße vom Unrecht abgestoßen werden, und dieser moralische Widerwille ist Hass. Der heiligste Mensch ist derjenige, der Gerechtigkeit am meisten liebt und Ungerechtigkeit am meisten hasst, und zwar mit dem vollkommensten Hass.

Die nächste ist *Weisheit.* Von den Griechen übernahmen wir das Wort »Philosophie«, die Liebe zur Weisheit. Doch vor den griechischen Philosophen waren die hebräischen Propheten, und ihre Vorstellung von Weisheit war höher und geistlicher als die, die in Griechenland bekannt war. Die Schriften der Weisheit im Alten Testament – Sprüche, Prediger (und bis zu einem gewissen Maße auch noch die Psalmen) – sind erfüllt von der Liebe zur Weisheit, die selbst ein Plato nicht kannte.

Die Schreiber des Alten Testamentes schätzten die Weisheit so hoch ein, dass wir manchmal kaum unterscheiden können zwischen der Weisheit, die von Gott kommt und der Weisheit, die Gott selbst ist. Die Hebräer waren den Griechen mit dem Wissen, dass Gott das Wesen der Weisheit ist, um Jahrhunderte voraus, obgleich ihre Ansicht von Weisheit mehr moralischer als intellektueller Natur war. Für sie war ein weiser Mann auch ein guter und gerechter Mann, und Weisheit in ihrer edelsten Form bedeutete, Gott zu lieben und seine Gebote zu halten. Der hebräische Denker konnte Weisheit von Gerechtigkeit nicht trennen. Zwei der größten Bücher der Apokryphen, »Die Weisheit Salomos« und »Das Buch Jesus Sirach«, preisen die Weisheit, die mit Gerechtigkeit eins ist, mit einer Überschwänglichkeit, die manchmal den kanonischen Schriften gleichkommt.

Ein weiteres Objekt, auf das sich die Liebe eines Christen richten kann, ist *Wahrheit.* Und wiederum haben wir Schwierigkeiten, die von Gott kommende Wahrheit von der göttlichen Wahrheit zu trennen. Christus sagte: »Ich bin die Wahrheit«, und indem er das sagte, verband er Wahrheit und Gottheit zu einer untrennbaren Einheit. Gott zu lieben heißt, die Wahrheit zu lieben, und je stärker unsere Liebe zur Wahrheit wird, um so mehr werden wir in das Bild der Wahrheit verwandelt werden und von Lüge und Irrtum Abstand nehmen.

Es ist überflüssig, hier noch die anderen guten und heiligen Dinge zu nennen, die Gott uns als Vorbilder gibt. Die Bibel stellt sie uns vor: Barmherzigkeit, Freundlichkeit, Reinheit, Demut und noch viele andere. Die vom Geist geführten Seelen werden damit etwas anzufangen wissen.

Wir können aus dem Gesagten also ableiten, dass wir Interesse und Liebe für das moralisch Wertvolle und Gute kultivieren sollen. Hatte Paulus nicht auch diesen Gedanken im Sinn, als er an die Philipper schrieb: »Weiter, liebe Brüder, was wahrhaftig ist, was ehrbar, was gerecht, was keusch, was lieblich, was wohl lautet, ist etwa eine Tugend, ist etwa ein Lob, dem denket nach!«

I

Brauchen wir die Autorität Christi nicht mehr?

■ **Dieses Thema** liegt mir wie eine große Last auf dem Herzen, und obwohl ich für mich keine besondere Inspiration in Anspruch nehme, fühle ich dennoch, dass es auch dem Heiligen Geist am Herzen liegt.

Wenn ich mich selbst recht kenne, so ist es allein die Liebe, die mich dazu treibt, das Folgende niederzuschreiben. Was ich hier schreibe, ist nicht der bittersüße Erguss eines von zänkischen Wortplänkeleien mit anderen Christen aufgerührten Geistes. Solche Wortstreitereien gibt es bei mir einfach nicht. Ich bin weder missbraucht noch misshandelt oder von irgendjemandem angegriffen worden. Diese Überlegungen sind auch nicht aus einem unerfreulichen Erlebnis erwachsen, das ich mit anderen gehabt hätte. Mein Verhältnis zu meiner eigenen Gemeinde und zu Christen aus anderen Denominationen ist immer freundschaftlich, höflich und durchaus erfreulich gewesen. Mein Kummer ist vielmehr der allgemein vorherrschende Zustand innerhalb der verschiedenen Gemeinden und Gemeinschaften.

Ich meine, ich sollte auch zugeben, dass ich selbst in derselben Situation stehe, die ich hier beklage. Wie Esra sich in seiner machtvollen Fürbitte unter die Sünder rechnete, so tue ich das auch. »Mein Gott, ich schäme mich und scheue mich, meine Augen aufzuheben zu dir, mein Gott; denn unsre Missetat ist über unser Haupt gewachsen, und unsre Schuld ist groß bis in den Himmel.« Jedes Wort, das ich hier an andere richte, wird auf mich zurückfallen. Auch ich habe mich schuldig gemacht. So schreibe ich diese Worte in der Hoffnung, dass wir uns alle zum Herrn, unserem Gott, wenden und nicht mehr gegen ihn sündigen.

Der Grund meines Kummers ist in einem Satz gesagt: Jesus Christus hat heute fast keine Autorität mehr bei den Gruppen, die sich nach seinem Namen nennen. Ich meine protestantische Gemeinschaften im Allgemeinen und schließe jene mit ein, die am lautesten protestieren, weil sie die geistlichen Nachfahren unseres Herrn und seiner Apostel sind, nämlich die Evangelikalen.

Es ist eine grundlegende Wahrheit des Neuen Testamentes, dass der Mensch Jesus nach seiner Auferstehung von Gott zum Herrn und Christus erklärt wurde, und dass ihm vom Vater absolute Herrschaft über die Gemeinde verliehen wurde, die sein Leib ist. Alle Autorität im Himmel und auf Erden ist sein. Zu seiner Zeit wird er sie voll ausüben, doch in der gegenwärtigen Geschichtsepoche gestattet er, dass diese Autorität in Frage gestellt oder ignoriert wird. Gerade im Augenblick wird sie von der Welt besonders in Frage gestellt und von seiner Gemeinde ignoriert.

Die gegenwärtige Stellung Christi in den Evangeliumsgemeinden kann mit der eines Königs in einer konstitutionellen Monarchie verglichen werden. Der König (manchmal mit dem unpersönlichen Ausdruck »die Krone« benannt) ist in solchen Ländern nicht mehr als ein traditionelles Oberhaupt, ein wohlwollendes Symbol der Einheit und Loyalität, ähnlich wie eine Landesfahne oder eine Nationalhymne. Ihm wird zugejubelt, er wird gefeiert und unterstützt, doch seine eigentliche Autorität ist nur minimal. Er ist zwar das nominelle Oberhaupt, doch in Krisenzeiten fällen andere die Entscheidungen. Bei formellen Anlässen erscheint er in seinem königlichen Staat, um eine zahme, farblose Rede zu halten, die ihm von den wahren Machthabern des Landes in den Mund gelegt wurde. Die ganze Sache ist nichts weiter als ein nettes Schauspiel – sie ist Tradition, sie macht viel Spaß, und niemand möchte sie abschaffen.

In den Evangeliumsgemeinden ist Christus heutzutage tatsächlich nur noch ein beliebtes Symbol. »Alle Macht dem Namen Jesu« ist die Nationalhymne der Gemeinde und das Kreuz ist ihre offizielle Fahne, doch in den wöchentlichen Gottesdiensten und dem täglichen Verhalten ihrer Mitglieder trifft nicht Christus, sondern jemand anderes die Entscheidungen. Unter normalen Umständen wird Christus erlaubt, zu sagen: »Kommet her zu mir alle, die ihr mühselig seid und beladen.« Oder: »Euer Herz erschrecke nicht.« Aber wenn die Rede gehalten ist, übernimmt ein anderer das Regiment. Die eigentlichen Machthaber entscheiden über die moralischen Maßstäbe der Gemeinde und auch über Ziele und Methoden, wie diese zu erreichen sind. Durch eine ausgeklügelte und gründliche Organisation wird es sogar dem jüngsten Pastor möglich, mehr Autorität in der Gemeinde zu besitzen als Jesus Christus selbst.

Christus hat nicht nur wenig oder gar keine Autorität, sondern sein gesamter Einfluss nimmt zudem noch ständig ab. Dies ist eine traurige Tatsache, die ich mit der Einflussnahme des Abraham Lincoln auf das amerikanische Volk vergleichen möchte. Der grundehrliche »Abe« ist immer noch das Idol vieler Amerikaner. Das Bild seines freundlichen, zerfurchten und gütigen Gesichts erscheint überall. Manchem treibt das Gedenken an ihn Tränen in die Augen, und die Kinder hören begeistert die Geschichten über seine Liebe, seine Ehrlichkeit und seine Demut.

Aber was bleibt, wenn die wehmütigen Gefühle vergehen und die Tränen getrocknet sind? Nicht mehr als ein gutes Beispiel, das unrealistischer und weniger beeinflussend wird, je weiter es in der Vergangenheit verschwindet. Im kalten Licht der politischen Gegenwart Amerikas wirkt die ständige Erwähnung Lincolns in Parlamentsreden wie blanker Zynismus. Die Herrschaft Jesu ist von den Christen nicht vergessen, sondern lediglich auf das Gesangbuch übertragen worden. Auch wenn sie als Theorie noch gutgeheißen wird, so wird sie doch selten auf das praktische Leben bezogen.

Die Tatsache, dass der Mensch Jesus Christus über seine ganze Gemeinde und über jede Einzelheit im Leben ihrer Mitglieder die absolute und endgültige Autorität besitzt, wird heutzutage von dem Großteil der evangelikalen Christen nicht mehr akzeptiert.

Vielmehr bezeichnen wir die Glaubenspraxis unserer speziellen Denomination als identisch mit dem Wesen Jesu und den Lehren seiner Apostel. Die Glaubensgrundsätze, die Praktiken, die Ethik und die Handlungen unserer Gruppe werden mit denen des neutestamentlichen Christentums verglichen. Was auch immer unsere Gruppe sagt, denkt oder tut, ist schriftgemäß – das steht außer Frage. Wir meinen sogar, dass Gott unseren Aktivismus belohnt und bilden uns ein, je mehr wir tun, um so besser würden wir seine Gebote halten.

Um der absoluten Notwendigkeit zu entgehen, entweder den klaren Anweisungen unseres Herrn im Neuen Testament zu gehorchen oder sie abzulehnen, flüchten wir uns in eine liberale Interpretation derselben. Wir Evangelikalen wissen auch, wie man die scharfen Ecken des Gehorsams umgeht, indem man feine und knifflige Ausreden erfindet. Diese sind natürlich genau auf unsere Bequemlichkeit zugeschnitten. Wir entschuldigen Ungehorsam, unterstützen Fleischlichkeit und machen somit die Worte Christi wirkungslos. Alles läuft schließlich darauf hinaus, dass Christus einfach nicht gemeint haben konnte, was er sagte. Seine Lehren werden sogar als Theorien erst dann angenommen, wenn sie durch Interpretation abgeschwächt worden sind.

Und doch wenden sich immer mehr Menschen mit ihren »Problemen« an Jesus und suchen ihn, weil sie sich nach Seelenfrieden sehnen. Er wird überall als eine Art geistlicher Psychiater empfohlen, der bemerkenswerte Heilkräfte besitzen soll, um Menschen zurechtzubringen. Außerdem, so sagt man, sei er fähig, sie von ihrem Schuldkomplex zu befreien und ihnen zu helfen, ernsthafte psychische Traumata zu vermeiden, wenn sie sich in das Gesellschaftssystem eingliedern wollen. Natürlich hat dieser seltsame Christus keine Ähnlichkeit mit dem Gottessohn des Neuen Testamentes. Der wahre Heiland ist auch Herr, doch dieser gefällige Christus ist nicht mehr als der Dienstbote der Menschheit.

An dieser Stelle sollte ich konkrete Beweise für meine Behauptung anführen, dass Christus heutzutage wenig oder gar keine Autorität mehr in den Gemeinden besitzt. Ich möchte einige Fragen stellen, und die Antworten darauf werden die Beweise erbringen.

Welcher Ältestenrat befragt das Wort unseres Herrn, wenn wichtige Entscheidungen zu treffen sind? Möge jeder, der dies liest und der Erfahrung mit Gemeindevorständen hat, sich an die wenigen Sitzungen zu erinnern versuchen, bei dem ein Vorstandsmitglied aus der Heiligen Schrift las, um ein Problem zu lösen, oder bei dem der Vorsitzende anregte, dass die Brüder aufmerken sollten, welche Instruktionen der Herr zur Lösung eines bestimmten Problems geben würde. Vorstandssitzungen werden in der Regel mit einem formellen Gebet oder einer »Gebetsgemeinschaft« eröffnet. Danach hat das Haupt der Gemeinde respektvoll zu schweigen, während die wahren Herren das Zepter übernehmen. Jeder, der dies leugnet, sollte die Gegenbeweise erbringen. Ich würde sie nur zu gern hören.

Welches Sonntagsschulkomitee geht auf sein Wort zurück, um sich Anweisungen zu holen? Nehmen nicht die Mitglieder ausnahmslos an, dass sie schon wissen, was zu tun ist, und dass sie eigentlich nur noch die besten Methoden finden müssten? Pläne, Regeln und neue Unterrichtsverfahren nehmen ihre Zeit und Aufmerksamkeit ganz in Anspruch. Das Gebet vor der Zusammenkunft erbittet lediglich die göttliche Hilfe für die eigenen Pläne. Offensichtlich kommen sie noch nicht einmal auf den Gedanken, dass der Herr einige Anweisungen für sie haben könnte.

Wer erinnert sich noch daran, dass ein Vorsitzender einer geschäftlichen Brüderkonferenz seine Bibel zum Konferenztisch mitbrachte und auch tatsächlich beabsichtigte, sie zu gebrauchen? Protokolle, Regeln,

Richtlinien für den Gesamtablauf – selbstverständlich! Die heiligen Gebote des Herrn – keine Zeit dafür! Es muss einmal deutlich gesagt werden: Andachtszeit und die eigentliche Geschäftssitzung stehen oft in gar keinem Verhältnis zueinander.

Welcher Vorstand einer Missionsgesellschaft versucht wirklich, der Führung des Herrn durch sein Wort und seinen Geist zu folgen? Sie meinen alle, sie würden »von oben« dirigiert, aber in Wirklichkeit suchen sie nur die passenden Bibelstellen für ihre Vorhaben und beten dann, dass alles gut gehen möge. Sie könnten die ganze Nacht beten – wenn sie Christus nur als Helfer, nicht aber als Herrn anerkennen, stimmt schon die Basis nicht. Mit menschlichen Mitteln sollen göttliche Ziele erreicht werden! Diese Praxis wird schließlich zur Gewohnheit, und dann hat der Herr nicht einmal mehr ein Stimmrecht.

Wo finden wir in unseren öffentlichen Gottesdiensten noch die Autorität Christi? Die Wahrheit ist doch, dass der Herr heute selten einen Gottesdienst ganz beherrscht, und der Einfluss, den er ausübt, ist äußerst minimal. Wir singen von ihm und predigen über ihn, aber einmischen darf er sich nicht! Wir beten ihn auf unsere Weise an, und wir sind davon überzeugt, dass es die einzig richtige Art ist, weil die anderen Gemeinden unserer Denomination ja auch so beten.

Welcher Christ wendet sich, wenn er mit einem moralischen Problem konfrontiert wird, direkt an die Bergpredigt oder einen anderen neutestamentlichen Schriftabschnitt, um eine Antwort zu finden? Wer nimmt die Worte Christi z. B. bei folgenden Fragen noch als verbindlich an: den Zehnten geben, Geburtenregelung, Kindererziehung, Umgangsformen,

Unterhaltung und Freizeit, Einkaufen und Verkaufen?

Welche theologische Schule, vom einfachen Bibelinstitut an aufwärts, könnte eigentlich noch bestehen, wenn sie Christus zum Herrn aller ihrer Richtlinien machen würde? Vielleicht gibt es einige, doch ich glaube, es ist auch richtig, wenn ich sage, dass die meisten Schulen gezwungen sind, eine Arbeitsweise anzunehmen, die von der Bibel her keine Grundlage hat, obwohl sie doch »Bibelschulen« sind. So ergibt sich folgender Widerspruch: die Autorität Christi wird ignoriert, um eine Schule aufrechterhalten zu können, die aber die Autorität Christi lehrt.

Die Ursachen für das Abnehmen der Autorität unseres Herrn sind vielseitig. Ich nenne nur zwei:

Eine ist die Macht der Gewohnheit, des Althergebrachten und der Tradition innerhalb der älteren Denominationen. Diese beeinflussen, wie das Gesetz der Schwerkraft, jede kleinste religiöse Tätigkeit in den bestimmten Gemeinden und üben einen beständigen und bleibenden Druck in einer Richtung aus. Allerdings ist nicht Christus, sondern Brauch und Sitte das Ziel dieser Richtung. So ist es vielen Gruppen und Denominationen ergangen (zum Teil in geringerem Maße). Ich denke da zum Beispiel an die Evangeliumsgemeinden, die Pfingst- und Heiligungsgemeinschaften sowie die vielen unabhängigen und nicht konfessionellen Gemeinden, die überall auf dem amerikanischen Kontinent zu finden sind.

Der zweite Grund ist das Aufleben des Intellektualismus unter den Evangelikalen. Dies ist, wenn ich die Situation recht einschätze, nicht so sehr ein Wissensdurst, sondern lediglich der Wunsch, in dem Ruf zu stehen, gelehrt zu sein. Aus diesem Grunde werden gute Männer, die es eigentlich besser wissen sollten, dazu gebraucht, mit dem Feind zusammenzuarbeiten. Ich werde das erklären.

Unser evangelikaler Glaube wird in diesen Tagen aus verschiedenen Richtungen angegriffen. In der westlichen Welt hat der Feind der Gewalttätigkeit abgesagt. Er geht jetzt nicht mehr mit Schwert und Spieß auf uns los, sondern kommt mit lächelndem Angesicht und macht Zugeständnisse. Er erhebt seine Augen unschuldig zum Himmel und schwört, dass er auch den Glauben unserer Väter hat, doch sein wahres Ziel ist, diesen Glauben zu zerstören oder ihn wenigstens zu modifizieren, sodass er nicht mehr seine ursprüngliche Wirkung hat. Er kommt im Namen der Psychologie, Philosophie oder Anthropologie und dringt mit Worten der Vernunft in uns: »Überdenkt eure historische Position! Seid nicht so engherzig, werdet toleranter und erweitert euren Horizont!«

Er beherrscht die theologische Fachsprache tadellos, und viele unserer wenig ausgebildeten Evangelikalen beeilen sich, ihm zu schmeicheln. Er wirft mit akademischen Graden um sich, und die Söhne der Propheten raufen sich darum, wie sich einst die Arbeiterkinder um die in die Menge geworfenen Geldmünzen Rockefellers stritten. Die Evangelikalen, die zu Recht beschuldigt worden sind, keinen besonders hohen Bildungsstand zu haben, greifen mit glänzenden Augen nach diesen Statussymbolen, und wenn sie ihr Ziel dann schließlich erreicht haben, können sie es kaum fassen. Sie benehmen sich dann so konfus wie die Solistin aus dem Chor der kleinen Dorfkirche, die man an die Mailänder »Scala« geladen hat.

Für den wahren Christen ist der Test für die Echtheit und Wertbeständigkeit jedes christlichen Glaubens die Stellung, die der Herr darin einnimmt. Ist er wirklich Herr – oder nur Symbol? Befehligt er den Einsatz, oder ist er nur Mannschaftsmitglied? Entscheidet er, oder hilft er nur, die Pläne anderer auszuführen? Alle religiöse Tätigkeit vom Handeln eines einzelnen Christen bis hin zur Glaubenspraxis einer ganzen Denomination kann nach dieser einfachen Frage beurteilt werden: Ist Jesus Christus der Herr? Ob unsere Werke sich an jenem großen Tag als Holz, Heu und Stoppeln oder Gold, Silber und edle Steine erweisen werden, wird letztlich von der Antwort auf diese Frage abhängen.

Was sollen wir also tun? Jeder von uns muss sich entscheiden, und es gibt mindestens drei Möglichkeiten. Die erste ist, diesen Text entrüstet zu zerreißen und mich einer falschen Darstellung zu beschuldigen. Die zweite ist, das hier Geschriebene zwar anzuerkennen, sich aber damit zu trösten, dass es auch Ausnahmen gibt und wir uns zu diesen Ausnahmen rechnen. Die letzte Möglichkeit ist, mit tiefer Demut auf die Knie zu gehen und zu bekennen, dass wir den Geist betrübt und unseren Herrn entehrt haben, indem wir ihm nicht den Platz einräumten, der ihm von seinem Vater als Haupt und Herrscher der Gemeinde gegeben worden ist.

Der erste und zweite Weg wird nur bestätigen, dass wir falsch gehandelt haben. Der dritte dann, wenn er in aller Konsequenz beschritten wird, den Fluch von uns nehmen. Die Entscheidung liegt allein bei uns.

hänssler

William MacDonald

Wahre Jüngerschaft

Tb., 128 S.,

Nr. 392.600, ISBN 3-7751-2600-7

Schon immer kostete es etwas, ein Nachfolger von Jesus, ein Jünger zu sein. Jüngerschaft ist kompromisslose Hingabe, ist ein Kampf, der allen Einsatz lohnt. Klar und ohne Abstriche stellt der Autor die biblischen Aussagen in den aktuellen Bezug des Alltags. Entdecken Sie, wie die hier beschriebenen Grundsätze neutestamentlicher Jüngerschaft neue Möglichkeiten der Lebensgestaltung eröffnen.

R. C. Sproul

Die Heiligkeit Gottes

Tb., 128 S.,

Nr. 392.605, ISBN 3-7751-2605-8

Die Heiligkeit Gottes ist eine der wichtigsten Tatsachen, mit denen ein Christ ringen kann. Sie gehört zur Grundlage des Verständnisses von Gott und Christsein. Dieses Buch hilft, Gott, den Vater, in seiner Macht, Majestät und ganzen Heiligkeit kennen zu lernen und zeigt, wie sich dieses Verständnis auf jeden Aspekt des Lebens auswirken kann.

Bitte fragen Sie in Ihrer Buchhandlung nach diesen Büchern!
Oder schreiben Sie an den Hänssler Verlag, D-71087 Holzgerlingen.